高校科研绩效评价研究

田继垒◎主编

四川科学技术出版社

图书在版编目（CIP）数据

高校科研绩效评价研究/田继垒主编.—— 成都：
四川科学技术出版社,2023.12（2024.7 重印）
　ISBN 978-7-5727-1249-4

Ⅰ.①高… Ⅱ.①田… Ⅲ.①高等学校—科研管理—
经济绩效—经济评价—研究—中国 Ⅳ.① G644

中国国家版本馆 CIP 数据核字（2023）第 254885 号

高校科研绩效评价研究
GAOXIAO KEYAN JIXIAO PINGJIA YANJIU

主　　编　田继垒

出 品 人　程佳月
责任编辑　李　珉
助理编辑　钱思佳　杨小艳
封面设计　星辰创意
责任出版　欧晓春
出版发行　四川科学技术出版社
　　　　　成都市锦江区三色路 238 号　邮政编码 610023
　　　　　官方微博 http://weibo.com/sckjcbs
　　　　　官方微信公众号 sckjcbs
　　　　　传真 028-86361756
成品尺寸　170 mm×240 mm
印　　张　8.25
字　　数　168 千
印　　刷　三河市嵩川印刷有限公司
版　　次　2023 年 12 月第 1 版
印　　次　2024 年 7 月第 2 次印刷
定　　价　60.00 元

ISBN 978-7-5727-1249-4

邮　　购：成都市锦江区三色路 238 号新华之星 A 座 25 层　邮政编码：610023
电　　话：028-86361770

前　言

　　当今时代,科学研究的价值日益凸显,逐渐受到世界各国的广泛关注与普遍重视。在此背景下,高校不断加强其科学研究职能,成为科学研究大军中一支日益重要的生力军。高校从政府、社会及民间团体或个体等处获取的各类科学研究经费数额逐年增加,与之相应,高校的科学研究成果数量亦是逐年增加。尽管高校的科学研究产出在数量上一年比一年丰硕,但其科学研究成效仍有待进一步提高。究其原因,主要是现在尚缺科学合理且行之有效的科研绩效评价体系用来引领、监督、调控、激励广大高校开展科学研究,这就使得高校的科学研究成效难以得到人们的广泛认同。高校科研绩效评价体系的缺乏,不仅不利于高校科研活动接受社会各界的客观评价与有效监督,也不利于高校科研活动的持续发展与有效推进;因此,构建科学合理的高校科研绩效评价体系,并探讨将其贯彻落实的方法,是当下的重要工作。

　　科研工作的学术成果应建立在长期积累的基础上,数量的多少不足以完全反映高校科研水平;相反,低水平的研究成果会拉低高校总体的科研质量。改变单一的评价方式,推动科研评价实现从量变到质变的跨越,鼓励教师潜心研究,在学科内稳定研究方向、扎实研究基础、做好研究积累,不断推敲、反复验证研究阶段成果,以高质量、高水平的科研成果提升自身学术水平和学科价值。

　　高校是国家创新体系的重要组成部分,承担着科研创新与成果传播的重要任务,对高校科研绩效进行公正、客观的评价,是实现科研资源效益最大化的必然选择。本书基于高校科研绩效评价的相关理论,介绍了高校科研绩效评价制度、体系和方法,阐述了高校科研绩效评价指标体系的构建,论述了我国不同区域高校的科研绩效评价体系,归纳总结了科研绩效评价DEA方法、层次分析法等新方法。本书资料翔实,内容丰富,提出的建议与措施具体明确,是一本具有较好学术价值和现实意义的专著。希望本书的出版能对我国高校科研工作的发展起到一定的推动作用。

目录
CONTENTS

第一章 高校科研绩效评价基本理论概述 ································· **001**

第一节 高校科研绩效评价概念界定 ······························· 001

第二节 高校科研绩效评价理论基础 ······························· 009

第二章 高校科研绩效评价制度、体系和方法综述 ············· **014**

第一节 高校科研绩效评价制度综述 ······························· 014

第二节 高校科研绩效评价体系综述 ······························· 019

第三节 高校科研绩效评价方法综述 ······························· 026

第四节 改进高校科研管理绩效评价的必要性、意义和方向 ······ 033

第三章 高校科研绩效评价指标体系的构建 ··················· **037**

第一节 评价指标设置的原则 ····································· 037

第二节 科研绩效评价指标的选取与评价指标体系的构建 ········ 038

第三节 评价指标的无量纲化处理 ································· 040

第四节 评价指标权重方法的选择 ································· 041

第五节 综合评价方法的选择 ····································· 045

第四章 经济发展视角下我国不同区域高校科研绩效评价研究 ··· **049**

第一节 概念界定及理论基础 ····································· 049

第二节 效率模型构建及指标体系选取 ····························· 053

第三节 我国不同区域高校科研效率实证研究 ····················· 059

第四节 基于Tobit模型对高校科研绩效影响因素研究 ············· 064

第五章 基于DEA方法的高校科研绩效评价研究 ··············· **068**

第一节 基于DEA方法的高校科研绩效静态评价 ················· 068

第二节 基于Malmquist指数的高校科研绩效动态评价·····················082

第三节 基于标杆管理和DEA方法的标杆树立与追随研究··············096

第六章 基于层次分析法的高校科研管理绩效评价研究·················111

第一节 基于层次分析法的高校科研管理绩效评价指标体系构建······111

第二节 基于层次分析法的高校科研管理绩效评价量表确定与

案例应用 ·····················116

第三节 实施基于层次分析法的高校科研管理绩效评价的保障措施···119

第一章 高校科研绩效评价基本理论概述

第一节 高校科研绩效评价概念界定

一、高等教育和高等学校

（一）高等教育的意义

"高等教育"是一个多元的、不断发展的概念。2011版《国际教育标准分类法》于2011年11月由联合国教科文组织大会第36届会议通过，其中对高等教育进行了以下定义：高等教育是建立在中等教育之上，在专业化的教育学科提供学习活动。它以高度复杂和专业化的学习为目标。高等教育包括通常所理解的学术教育，还包括高级职业或专业教育。

高等教育的意义不仅在于扩宽知识的广度，还在于加深学习的深度。读书的目的并非只为了获得学分，人们在学生时代所追求的东西，必然在以后的言行举止中留有痕迹。学习是一场长跑，也是一场长期投资，当下的努力或许不一定能快速带来肉眼可见的回报，但忽视的、遗漏的问题，可能会成为未来发展的绊脚石。学习能力不仅体现在对知识的理解，也体现在自律和规划上。教育的目的在于使学习者在学习的同时，成为更好的人。只有对自己负责的人，才能更好地承担社会、国家的责任，才有面对风浪的底气和能力。

高等教育的意义不仅在于学科内部的钻研，更在于拆除学科之间的"篱笆"。处处皆学问，王德威先生曾说"文学不是狭义的，而是天文地理之学"。文学本身也是具有理性、科学色彩的，文学作品中亦不乏逻辑与科学思考；数学之美、人工智能之美之中也蕴含了人文精神。学术研究应该"纯粹"，即对研究不含功利、摒除学科偏见的热爱。多元的角度、兼容的心态，将是助学习之船航行的有力风帆。

大学生活并非学习生涯的尾声,迈入大学也不意味着高考后的"解放";相反,大学学习更需要独立学习与思考的能力。学生们从课堂上得到的并非只是一个问题的答案,而是解决问题的方法。在大学毕业后许多人陷入迷茫,"要不要考研""该不该读博""研究生的就业方向"成为教育相关搜索的热门话题。从某种角度而言,结束了"小—初—高"的固定模式,进入大学生活之后,学生需要自己决定人生的方向,认清自己的兴趣与能力所在,明确自我的定位。换言之,在人生的节点,寻找新的出口。

曾任清华大学校长的梅贻琦先生说:"所谓大学者,非谓有大楼之谓也,乃大师之谓也。"笔者相信,学术自由、兼容并包的校园氛围,有师德与素养的教师与独立思维、有思想深度的学生是一所大学最好的名片,也是发展高等教育的意义所在。

(二)高等教育的性质

当前流行的观点认为,高等教育是一种建立在普通教育基础之上的专业教育,但这个概念是历史的、相对的,而不是永恒的、绝对的。我们经常使用的"高等教育"这个概念,实际上还是有意无意地包括了一切建立在完全或不完全中等教育之后的各种教育类型。笔者不想对高等教育的理论和实践做过多的论述,只就传统意义上的高等教育——大学教育,来谈其性质问题。

谈论性质问题,实质就是谈论"什么是什么"的问题。在此,笔者首先不说明高等教育(大学教育)是什么,而是从反面论证,即说明高等教育(大学教育)不是什么。笔者认为,在本质意义上,高等教育不是目前多数人认为的职业培训教育,经过高等教育的学生,并不是马上就能适应岗位的律师、工程师、程序员等技术操作型人才。培养这类人才最有实效的途径不是去大学,而是去培训机构。培训机构能够将社会实践与教育培训学习结合起来,针对实际需要教给他们工作技巧、方法或者途径。同时,笔者认为高等教育不是仅灌输知识和文化的学校也不仅是教师对于学生的单向教育。大学校园不应该只听一片赞美之声,而听不到争鸣、看不见朝气。如果我们的大学教育照本宣科,那么学生就会变成"本本主义"者、教条主义者,变成只知书本、不知实践的书呆子。

可见,大学不是以职业培训为目的的机构,也不是仅以文化传播、知识灌输为宗旨的讲坛,而是一个培养在掌握一定人类文化遗产的基础上,能够进行正确、客观的价值判断和理性选择的思想者的场所。正如赫钦斯所认为的："法学院和医学院的位置应接近于大学而远离法院和医院,目的是赋予理智以优先地位。"也如蔡元培先生所言："大学者,研究高深学问者也。"不管世俗高等教育的人才观如何多元,但就本质意义上的高等教育而言,其是以培养学术型人才为宗旨的。

　　我们也要看到这样一种现实或观点:许多人认为接受高等教育的学生只适合从事教学或研究工作,而不适合从事管理等实际操作性的工作;同时,有许多人尊重和推崇学术性工作,但也有许多行业并不欢迎学术型人才。不可否认的是,为了学术而学术、一切从学术出发、一切以学术为标准的学术型人才并不少见,这类人把学术当成了他们生命中的全部,并且从中找到自己的乐趣,实现自身的理想价值。这只是专业分工的问题,而不是专业能力的问题。如果一位"学术型人才"在工作中完成任务有困难、工作效果不佳或者工作方式方法有问题,那么他不能被称为真正的学术型人才,而是"读死书,死读书"的人。从学术型人才的培养过程来看,其基本的培养方式是思维的训练,最终的结果是使其能够做到对复杂现象的分析和客观真理的追求,形成的是学科精神和学科能力。一个具备这种精神和能力的人是能够做好相应的实际工作的。社会科学领域里的学术型人才,在经过一段时间的适应后能够以更高的水平和能力从事社会工作和管理工作;自然科学领域的学术型人才,在经过一段时间的适应后能够以更高的水平和能力从事工程技术之类的工作。以管理工作为例,一位管理类学术型人才,当其意识到自己从学术世界进入行政管理世界时,对环境、身份的转变的敏锐反应能力能够使其很快融入行政管理工作中,处理行政工作的问题。

　　就做事来说,它主要包括在事前的判断和选择、事中对效率和效益的追求以及事后对问题的总结。一位具有学科精神和学科能力的学术型人才能够在分析纷繁复杂的问题的基础上形成正确的价值判断,并对各种方案进行权衡分析,做出最佳选择,以最小的成本取得最理想的结果。就做人来说,一位具有学科精神和学科能力的学术型人才应知道任何事情的目的都是为了人,认识到事情的主体都是人,因而也必然懂得作为主体的人的需要是什么。这是一种客观存在的主体观念,是以人类为中心的本体论,属于哲学范畴。同时,经过科学的思维训练的学术型人才能够把各种事务制度化、规范化,避免人的主观感受的干扰,从全局和整体上协调人和事的冲突和矛盾。

（三）高等学校的定义

《中华人民共和国高等教育法》规定："本法所称的高等教育,是指在完成高级中等教育基础上实施的教育。"在《实用教育大词典》和《中国大百科全书》中,高等教育被界定为："高等教育是建立在中等教育基础上的各种专业教育。"一般而言,高等教育包括学历教育和非学历教育,主要采用全日制或非全日制教育形式。从兴办主体上说,我国的高等教育又分为公办高等教育和民办高等教育两类。公办高等教育主要由中央及各级人民政府利用国家财政性资金兴办;民办高等教育是由企业事业组织、社会团体及其他社会组织或个人利用非国家财政性教育经费面向社会兴办。

在高等教育定义基础上,高等学校可理解为是进行或者实施高等教育的学校的统称。根据我国《普通高等学校设置条例(2002修订稿)》第二条的规定,普通高等学校,是指通过国家规定的专门入学考试招收高级中等教育毕业或具有同等学力考生,实施高等学历教育的学校。包括全日制大学,独立设置的本科学院,高等专科学校(主要指师范、医学高等专科学校)和高等职业学校。在我国统计系统主要统计指标中,普通高等学校指按照国家规定的设置标准和审批程序批准举办,通过国家统一招生考试,招收高中毕业生为主要培养对象,实施高等教育的全日制大学、独立设置的学院和高等专科学校、短期职业大学。

二、绩效和绩效评价

（一）绩效

绩效(performance)没有明确、公认的定义,《牛津现代高级英汉词典》对绩效的解释是"执行、履行、表现、成绩",《韦氏词典》对绩效的解释是"完成、执行某种任务或达到某个目标的行为,通常是有功能性的或者有效能的"。对于绩效的不同解释,大体可以划分为三类:行为观、结果观、行为结果结合观。

"行为观"和"结果观"都无法全面、完整、准确、系统地描述绩效的内涵。当我们对"个体或者组织"绩效进行评价时,不仅要考虑投入(行为),也要考虑产出(结果),因此,认为绩效是"行为和结果的结合"应更为恰当。本书采用的绩效观点即"行为结果结合观"。

(二)绩效评价

绩效评价(performance evaluation)是绩效管理系统的一个子系统,要更好地进行绩效管理,必须先进行绩效评价。近年来,绩效评价的内涵、外延和方法发生了重大变化,包括评价指标从财务指标向众多的非财务指标转变,评价范围由面向过去向面向现在和未来转变等,这就提醒管理者不能只看短期效果和任务进度,更应关注长期核心竞争能力的培养和整体组织绩效的提高。绩效评价根据评价对象的不同分为政府绩效评价、企业等营利组织绩效评价和非营利组织(如高校、医院等)绩效评价等。对不同的评价对象而言,评价方法也完全不同。

文卡特拉曼(Venkatraman)和拉马努金(Ramanujam)通过对文献的归纳整理,指出组织绩效的衡量可以分为三个部分。

财务绩效:销售成长率,投资报酬率。

营运绩效:产品质量、新产品收入、市场占有率及附加价值率。

组织效能:员工士气等。

绩效评价是系统评定组织员工在工作绩效上的差别,或每位员工本身在各工作层面上表现的优劣,并以此作为进行奖惩的依据。博韦(Bovee)等认为绩效评价是评价与员工期望有关的绩效及提供反馈的过程。

我国对于绩效评价的定义多见于政府的相关文件中。比如,《中央企业综合绩效评价管理暂行办法》中规定,综合绩效评价是指以投入产出分析为基本方法,通过建立综合评价指标体系,对照相应行业评价标准,对企业特定经营期间的盈利能力、资产质量、债务风险、经营增长以及管理状况等进行的综合评判。

三、高等学校科学研究

科学研究简称科研,一般指利用各种科研手段和装备,为了认识客观事物的内在本质和运动规律而进行的调查研究、实验、试制等一系列活动。科学研究的基本任务就是发现、探索和认识未知世界,包括创造知识和整理知识两类活动。通过创造知识来发现和发展科学、发明和创造技术,从而解决未知的问题;通过整理知识来对现有知识进行分析、鉴别,使其系统化和规范化,实现这些知识的借鉴、传承和发展。这两部分工作都是人进行的创造性智力活动,在具体的科研工作中两者互为基础、相互结合。联合国教科文组织一般用"R&D

（research and development）"来表示广义的科学研究活动，即研究与发展，与科学研究的概念相近。日本学者内野晃认为，科学研究就是追求真理探索学问的行为。美国资源委员会对科学研究的定义更为具体，科学研究工作是科学领域中的检索和应用，包括对已有知识的整理、统计，以及对数据的搜集、编辑和分析研究工作。我国教育部将科学研究定义为，增进包括关于人类文化和社会的知识以及利用这些知识去发明新的技术而进行的系统创造性工作。不论从哪个角度对科学研究进行定义，都改变不了其发现、创造和整理、传承知识的本质。

按照学科分类可将科学研究分为自然科学研究和社会科学研究。自然科学研究的对象是整个自然界，即无机自然界和包括人的生物属性在内的有机自然界。具体学科有数学、天文学和天体物理、地球科学和空间科学、物理学、化学、生命科学等。自然科学的根本目的在于发现自然现象背后的规律，其最重要的两个支柱是观察和逻辑推理。本书所说的社会科学与自然科学相对，包括人文和社会科学，具体包括哲学、社会学、统计学、政治学、国际关系、经济学、法律学、行政学、教育学、人类学、地理学、历史学等。其中，人文科学是以人类的精神世界及其沉淀的精神文化为研究对象的科学。社会科学是以人类社会为研究对象的科学，其任务是研究并阐述各种社会现象及其发展规律。

根据研究工作的目的、任务、方法不同，科学研究又可分为：基础研究，即为获得关于现象和可观察事实的基本原理及新知识而进行的实验性或理论性工作，这种研究不以任何专门或特定的应用或使用为目的；应用研究，是基础研究的继续和发展，指把基础研究发现的新理论应用于特定目标的研究，目的是把基础研究的成果转化为实用技术；开发研究，又称发展研究，是把基础研究、应用研究应用于生产实践的研究，是科学转化为实际生产力的核心环节。这三种研究互相联结、承前启后，它们在科学研究体系中协调一致地发展。

科学研究职能是高校发展到一定阶段的产物，最初的大学都是以教学为主要目的，基本上没有专门的科研活动。19世纪初，德国教育家威廉·冯·洪堡提出"教学与研究统一"的大学理念。洪堡认为，大学是一种高等学术机构，它总是处于不断的研究和探索之中，因为它把科学当作一个没有完全解决的难题来看待；大学里不分教师与学生，而是一个各种探索高深学术问题的自由学者组成的学术社团，只有"独立的研究者（教师）"和"受到指导的研究者（学生）"，他们都是探索高深学问的研究人员。

从那之后,科研作为一个独立职能逐渐为世界各国的高校所接受。最为典型的是美国的高等教育,始终坚持教学、科研并重,在各种层次的高校中产生了大量科研成果卓著的研究人员,同时培养出无数创新人才,为科技进步和经济发展做出了不可磨灭的贡献。现在,科研也成为我国高等学校的基本职能和任务,亦可对培养复合型人才和提高教育质量提供保障。

四、高等学校科学研究的投入和产出

高校科研活动是一个典型的多投入多产出系统,我们可以将其看成是一种科研生产的过程。既然是生产过程,就要有人利用资源进行各种类型的科研生产。资料表明,我国高等学校除了担负着培养人才的重任之外,在科技活动中也投入了大量人力,约占全国科技人力资源投入的1/4,而且其中高层次科技人员投入比例明显高于科研机构和高技术企业等其他研究群体。同时,高校中数量众多的研究生也参与了各种类型的科研工作。在投入人力的同时,高校还获得了高额的科研经费,包括纵向经费和横向经费。纵向经费是国家、各部委、省、自治区、直辖市等各级政府部门自上而下拨款用于支持高校进行科学研究活动的资助费用;横向经费是企事业单位委托完成的科技开发项目经费,如技术开发、技术服务、技术转让费等。

高校的科研产出表现为数量与质量(影响力)两个方面,学术论文、专利、著作、科研项目和科研奖励是科学研究成果的重要载体。据统计,2010年至2020年(截至2020年10月),中国科技人员共发表国际论文301.91万篇,连续四年位居世界第二位,数量比2019年统计时增加了15.8%。论文共被引用3605.71万次,增加了26.7%,位居世界第二位。中国平均每篇论文被引用11.94次,比上年度统计时的每篇10.92次提高了9.3%。10年来,中国虽然在论文数量上超越了日本、德国等国家,但在名刊发表论文数、论文总被引用次数与发达国家的差距仍然明显,篇均论文被引用次数则差距更大。与之类似的是,我国高校系统的科研成果也存在数量庞大但质量堪忧的情况,很多专利和著作创新性和应用价值都不高。大量科研项目重立项、轻结项,也导致国家科研经费利用率低、产出匮乏。

与所有的科技活动一样,高等学校在将一定的投入(资源)转化为有价值的产出(成果)过程中也面临着资源稀缺的困境。如何更好地配置和利用资源,在既定投入下增加产出或者在既定产出下减少投入就成为高校科研工作的主要目标。

五、高等学校科研绩效评价

科研绩效评价对丰富高校评价内容和方式、合理配置高校科研资源有重要意义。要提高科研绩效，就必须首先了解和评价高校整体科研绩效水平，应用科学的方法、标准和程序，对高等学校及其内部各部门的科研活动业绩、成就和实际工作做出尽可能准确的评价，在此基础上实现高等学校科研绩效的提高。通过对科研投入的人力、物力、财力与产出的各类科研成果的分析、比较，综合评价高校科研活动，以达到对科研活动进行监督、控制、管理、预测、调整和提高的目的，并为最终决策提供依据。实际上，以最小科研投入获得最大科研产出是各类高校科研工作的主要目标。需要说明的是，本书的科研绩效评价是将高校科研活动看成一个整体，而非对高校中独立的个体——教师进行的科研绩效评价。

科研绩效与科研潜力、科研竞争力、科研能力、科研水平等都是某个单位在一定时期内科研工作不同侧面的反映，但侧重点并不相同。科研潜力主要反映将来可能达到的最大科研水平，与目前的科研实力没有必然联系；科研竞争力是指高校的特色优势学科、新兴发展和交叉学科、科研领军人物等是否具有水平和竞争优势；科研能力反映高校在一定时间内人、财、物等资源和各种科研成果的总和，是一种规模性的绝对量指标；科研水平指的则是组织外部管理部门、社会评价机构和大众等对组织科研活动存在的意义及能力的认同，是一种外界评价。科研绩效的概念更为综合，它着眼于投入与产出的对比，分别反映科研活动的过程和最终结果，既可体现目前科研系统的功能和效率是否达到人们的预期，还能反映出科研活动的发展和变化。

本书的高校科研绩效评价根据国际流行的"投入产出视角"，从高校科研资源利用效率方面评价高校的绩效，是对目前高校绝对评价制度的一种有益补充，这种评价既依据高校科研活动的绝对"成绩"和"效果"，更关注办学的相对"效率"或"效益"。通过高校科研活动的科学评价，有助于各地高校清楚了解自身的科研绩效高低和存在的问题，为政府主管部门和高校改进科研管理、提升研发水平提供决策依据，最终促进区域和国家创新能力的提高和经济发展。

第二节 高校科研绩效评价理论基础

一、绩效管理理论

20世纪70年代,绩效管理在绩效评价基础上逐渐发展起来,形成了一套以量化评估为核心的科学管理体系。后来,在人力资源管理理论和学习型组织等理念推动下,绩效管理理论的内涵更加丰富并具有可操作性。各国学者对于绩效管理的观点也不尽相同,主流观点有以下三种。

绩效管理主要用来管理组织绩效。应该从组织角度确定绩效考核目标、制订和实施绩效改进计划。对绩效起到决定性影响的是组织结构、新技术和科学发明,个体员工虽有影响但并不起到关键作用。

绩效管理主要用来管理员工绩效。持该观点的学者主要有艾恩斯沃斯(Ainsworth)、奎因(Quine)、史密斯(Smith)等,他们认为组织的运转和所有的日常工作最终是由人执行和实现的。尽管有先进的设备和一流的技术,但离开了员工的主观能动作用,组织的绩效依旧难以提升。

绩效管理是管理组织和员工绩效的综合系统。绩效管理将普通员工、高级管理者和整个组织的使命结合起来,只有将个人目标和企业战略有机地结合在一起才能提高组织绩效。

我国大部分学者比较认同第三种观点,即绩效管理是管理组织和员工绩效的综合系统,因此,可将绩效管理定义为:组织内各级员工和高层管理者为达到组织战略目标共同参与的绩效计划制订、绩效考核评价、绩效结果应用、绩效目标提升的持续循环过程。绩效管理强调组织目标和个人目标的一致性,在绩效管理的各个环节中都需要管理者和员工的共同参与。如果组织中大量员工的工作目标和组织的发展目标不一致,必然会给组织目标的实现带来阻碍,而强调组织和个人为同一目标奋斗则会形成"双赢"的局面,最终持续提升个人、部门和组织的整体绩效。

随着新公共管理运动的兴起,很多企业管理理论和方法在政府和非营利组织中得到广泛运用。绩效管理和绩效评价日渐成为政府部门、科研机构和高等学校不断提高组织绩效,向公众展示国家财政资金、社会投资配置效率和管理绩效的重要手段。在此背景下,目标管理、平衡计分卡、标杆管理、绩效棱柱模型等绩效管理工具也逐渐被引入高等学校管理工作,特别是科研管理工作中。

二、效率理论

在任何社会和时代背景下,资源稀缺都是一个客观存在的基本事实。如何提高资源利用效率以最大限度满足人类需要是经济学要解决的根本问题。效率的最初定义是产出量与投入量的相对比值,此后不断衍生发展,形成了配置效率(allocation efficiency)、技术效率(technical efficiency)、成本效率(cost efficiency)等概念。配置效率是指以投入要素的最佳组合来生产出"最优的"产品数量组合。一般来说,在投入不变的条件下,通过资源的优化组合、有效配置,效率就会提高,产出也会同步增加。技术效率反映实际产出相对于生产前沿面即最优技术的有效性,表现为现有生产函数下所能实现的产出与最优产出的比率。成本效率指为达到特定目的所需的实际成本与最佳成本的比值的倒数。成本效率可以分解为技术效率与配置效率的乘积。

配置效率是否实现最优、技术效率是否达到生产前沿面成为组织运转的重要问题,而对效率的测量和估计直接体现组织的绩效。效率评价方法主要有以数据包络分析法(data envelopment analysis,DEA)为代表的非参数法和随机前沿分析法(stochastic frontier analysis,SFA)为代表的参数法。DEA法本质上是线性规划,它无须建立严格的函数关系,也不用对数据进行无量纲化处理和设置权重,投入/产出指标的数量也无严格限制,因其简单方便而得到广泛应用。SFA法假定各决策单元的生产前沿面是随机的,将实际决策单元与生产前沿面的差距分解为随机误差和技术无效率两项,与现实情况更为契合。SFA法需要构造不同形式的生产函数,比如柯布-道格拉斯生产函数(C-D生产函数)、替代弹性不变生产函数(CES生产函数)以及超越对数生产函数等,此外还要对生产函数的设定是否正确进行验证。

从定义上看,效率与绩效有所不同,但投入产出视角下测算某决策单元的绩效离不开效率特别是技术效率。技术效率的测度结果反映了组织的产出与确定投入下最优产出的比例关系,实际上就是组织投入产出资源的相对绩效。高等学校的科研活动同样面临着资源的稀缺性问题,在目前阶段难以完全满足需求,因此经济学中投入产出效率的思想仍是分析科研绩效的基本理论基础之一。

三、公共产品理论

根据公共经济学理论,社会产品可分为公共产品和私人产品。纯粹的公共产品或劳务具有消费的非竞争性和受益的非排他性特征,任何人对公共产品的消费都不减少其他人对它进行同样消费。非竞争性有两方面含义:边际成本为零,即增加消费者不会导致供给者的成本增加;边际拥挤成本为零,即每个人的消费都不会影响其他消费者,非排他性是指任何人都不能对该产品独占专用,无法排除他人也同时消费这类产品,即使自身不愿意消费这一产品也无法排斥该产品。

私人产品与公共产品相对,可以由单独某个消费者独占和享用,是具有竞争性、排他性和可分性的产品。还有一部分产品介于纯公共产品和私人产品之间,称为"准公共产品"或者"混合产品"。比如,具有非竞争性特征,但非排他性不充分的公路和桥梁;具有非排他性,非竞争性不充分的义务教育等。与纯公共产品相比,准公共产品的范围更加广泛,与我们的生活息息相关的教育、文化、传媒、医院、科学研究等都属于准公共产品,供水、供电、公共交通等公共事业也属于准公共产品的范畴。

一般认为,高等教育属于准公共产品的范畴,而高校科研活动性质特殊,主要表现为:大部分高校科学研究成果具有非竞争性和非排他性,服务于社会、经济和科技,公用特征十分明显。专利等研究成果是智慧的结晶,具有独占性、专有性的特点,在各个国家都受到知识产权的保护,这种知识产权一般不仅属于个人,还属于所在单位。在法律允许的范围内,大部分高校科研成果无法在市场上准确定价和公开交易,比如,公开买卖论文、著作、奖励等都属于违法行为。高校的科研成果有助于培养各类创新人才,这种贡献是难以用货币准确计量的。

高校科研的上述特点也决定了其公共产品的属性,因而科研经费的投入主体应该是政府的公共财政支出,而非各种社会资金的来源,这也是世界各个国家通行的做法。公共财政(public finance)主要指政府集中部分社会资源,用于为市场提供公共产品、服务,满足社会公众各种需要的分配活动或经济行为。高等教育投入是支撑国家长期发展的基础性和战略性投资,是高等教育事业的物质基础,是公共财政的基本职能。生产私人产品企业的绩效很容易通过总产值、利润、投资报酬率等指标衡量。公共产品不论从提供成本上还是产出定价上都难以准确取得，无法直接对比计算指标。高校科研活动的这一属性决定了其绩效评价的特殊性，必须加以考虑。

四、利益相关者理论

利益相关者(stakeholder)，也称"相关利益集团""权益人"，其定义多达几十种，可以将其理解为影响组织成果和行为或者被组织的成果和行为影响的团体或个人。利益相关者理论与传统的股东至上的观念大为不同，该理论认为任何一个组织的快速发展都离不开各种利益相关者的参与并对他们产生影响。比如，企业不仅要考虑股东利益，也要兼顾各种相关利益集团，包括银行和其他债权人、供应商和采购商、顾客、员工和管理人员、各级政府部门、媒体和广告商、会计师事务所等。组织在做出任何决策时都需要考虑利益相关者的意见，当他们的意见相左的时候，需要根据各方的影响力强弱来平衡利益。

利益相关者可以按照不同的标准进行分类。从利益相关者拥有的资源不同对企业产生不同影响方面，重点考虑所有权(ownership)、经济依赖性(economic dependence)和社会利益(social interest)三方面的影响。从利益相关者对企业产生影响的方式来划分，可将其分为直接的和间接的利益相关者;从相关群体在企业经营活动中承担的风险种类，将利益相关者分为自愿的利益相关者和非自愿的利益相关者;从合法性、权力性、紧急性三个角度对利益相关者进行划分，将其分为确定型利益相关者、预期型利益相关者和潜在型利益相关者。

高等学校虽然是非营利组织，但同样也有与其生存发展有着千丝万缕联系的利益相关者。高校科研绩效评价和管理必须充分考虑各类利益相关者的实际需求，调动各方积极参与高校绩效管理。对于高校而言，确定型利益相关者包括政府、学校和各类高级行政管理人员，这三种相关者与高校的生存发展和战略目标的实现有着极为密切的联系，他们是高校科研活动的实际管理者和决策制定者。预期型利益相关者包括在职教师、各类学生及家长等，特别是有机会参与科研活动的研究生。他们希望受到决策者关注，并能参与高校科研活动决策过程，能够真正参加到高校的科研活动中来，通过参与科研锻炼有针对性地满足自身能力成长和发展的需要。潜在型利益相关者，诸如毕业的校友、有可能为高校提供捐赠的各类人士、提供科研经费的组织、产学研合作的企业、有借贷关系的金融机构等都可纳入其中。他们虽然不直接参与高校日常的科研工作,但却通过捐款、合作、提供融资资金等方式为高校的科研发展提供各类资源。上述利益相关者都很关注高校科研绩效评价和管理的相关信息,需在绩效评价时考虑他们的需求。

五、全要素生产率理论

生产率指人力、物力、财力等要素资源的利用效率,即生产过程中投入要素转变为产出成果的效率,具体测算时用产出除以投入。反映产出量与单一投入要素之间效率关系的是单要素生产率,而反映产出量与所有生产要素间效率关系的是全要素生产率(total factor productivity,TFP)。在现实经济活动中,难以保持单一投入要素不变,因而采用全要素生产率来反映要素投入的综合效率更为科学。全要素生产率能够更为全面地考虑所有投入要素,可综合反映一个经济系统的投入/产出经济效益。

各专家学者对全要素生产率的概念持不同的观点。目前的主流观点认为,全要素生产率是指各种要素投入之外的技术进步和能力实现等导致的产出量的增加,是剔除掉各要素投入贡献后得到的残差。也就是说,全要素生产率即去除资本、劳动、土地等投入要素后的"余值"。全要素生产率的测算方法主要有两大类:增长会计法和经济计量法。前者以新古典增长理论为基础,测算过程简单方便,但假设约束较严格,具体包括代数指数法和索洛残差法。后者利用各种经济计量模型来估算全要素生产率,考虑因素较为全面,但过程很复杂,具体包括隐性变量法和潜在产出法。

潜在产出法将经济增长归为要素投入增长、能力实现改善(技术效率提升)和技术进步三部分。在这种方法下全要素生产率增长来自技术进步率和技术效率提升,具体方法有参数方法和非参数方法。传统参数方法需假定生产函数的形式并进行模型验证,而非参数方法直接从投入和产出的角度考虑全要素生产率的变化,无须指标价格信息和设定生产函数,适用于不同决策单元生产效率的跨期分析,具有广泛的适用性。其中最具代表性的是基于数据包络分析的Malmquist指数分析方法,本书将选择这一方法对高校科学研究全要素生产率(动态绩效)进行测算和评价。

第二章 高校科研绩效评价制度、体系和方法综述

第一节 高校科研绩效评价制度综述

随着高校科研规模的扩大和国家公共财政投入的不断增加,政府和社会公众越来越关注高校科研经费的使用效益和科研投入/产出绩效问题,这使得国内外高校科研评价或评估制度迅速发展。很多国家都已建立了系统化、层次化、专业化的高校/学科的评价制度,对高校和内部各学科的科研实力、竞争力、质量等进行评价,以促进高校和内部名学科间的公平竞争、优化科研资源配置,最终提高高校科研绩效、质量和竞争力。这种评价一般都具有官方背景或者受政府支持,很多评价结果与公共财政对高校的科研拨款直接挂钩,因而已经成为一种评价制度,而非私营机构向社会公众宣布的各种高校排名或者科研排名。

一、美国

美国是世界上较早开展科研绩效评价的国家,评价主体主要有国会政府科研评估机构、州政府科研评估机构和高校及研究所的科研评估机构,评价对象包括高校、科研机构和企业等的科研活动,迄今已形成了一套多样化、多层次、规范化、系统化的科研评价制度。早在20世纪初,美国国会就成立了国会咨询服务部,对议员提出的科技问题进行分析、评价、研究和解释,这是科研评价的雏形。后来,美国国家科学基金会(National Science Foundation,NSF)和美国国立卫生研究院(National Institutes of Health,NIH)成立,这两个机构分别负责资助高校和其他学术机构的自然科学、工程学研究和卫生医学研究。为了保证资助经费的使用绩效,NSF和NIH一直不间断地开展科技评价活动,其中

NSF的评价更具影响力。

60多年来,NSF的评价活动形成了比较完善的体系,主要包括以下四个层次:整体评估,由国家科学理事会、管理和预算办公室、美国国会分别进行;学部层面的评估,由咨询委员会负责;学科/计划的评估,由访问者委员会负责;项目评估,有价值评估、实地评估、年度进展报告和延续申请等形式,评审标准包括申请项目的学术价值和广泛影响程度等。NSF评审专家来源于一个包含数量众多专家的数据库,他们拥有不同的专业背景,因而可保证在评审过程中充分考虑各方面的意见。NSF的评价方法运用了同行评议与文献计量学相结合的方式,对大量的原始资料进行了耗资巨大的评价活动。1976年形成经典报告《作为评估方法的文献计量学》。经过验证,文献计量指标的评价结果和同行评议结果常常是高度一致的。

1993年,克林顿政府颁布实施了《政府绩效与结果法》(Government Performance and Results Act,GPRA),这一法案的内在目的是提高公共管理绩效。但与以往的政府目标管理、零基预算、全面质量管理等改革动议不同的是,GPRA以立法的形式引入了一种绩效评价概念与制度,立法基础使之具有更大的强制力、持续性和权威作用。只要是联邦机构,就必须在GPRA框架下制订长期战略计划、发展里程碑和年度绩效报告等。为此,NSF和NIH都重新整合和规范了科学评价工作,并在规定的时间内提交了GPRA年度绩效报告和战略规划。两个机构的绩效报告都是对组成某一类项目或者为完成某方面特定任务的诸多计划开展系统综合评价,而非对某项个别项目的绩效评价,其中NSF特别重视相关数据的采集和验证工作。2002年,布什政府又提出了专门的项目评级工具(project rating tool,PRT),主要目的是将机构预算和项目表现结合起来,建立一致的评价框架和标准。

总的来说,美国的科研绩效评价基本以政府为主体或者有政府背景,重点在于基础研究的资助和管理工作,同时强调科学研究的整体绩效,评价方法也将定量评价和定性评价相结合。这些相关经验对我国开展科研绩效评价活动有重要的借鉴意义。

二、英国

20世纪七八十年代,英国整体经济状况下滑,政府财政收入锐减,高等教育经费投入减少,社会各界都要求建立一种公平的、市场化、非均等的拨款机制,以促使大学提高教学、科研的质量和绩效。在这样的背景下,科研评价制度(research assessment exercise,RAE)应运而生。英国于1986年进行了第一次科研评价,当时只有约50所大学参加,评价结果等级越高意味着科研拨款越多。自那之后,先后在1989年、1992年、1996年、2001年、2008年进行了5次科研评价。RAE被称为欧洲最先进的大学科研评价模式之一,是英国高等教育现代化和大众化过程中形成的重要制度,直接决定了英国各个大学获得的科研拨款,还对实业界和慈善机构的募捐选择有指导意义,并对世界范围的大学科研评价产生影响。

RAE是由英格兰高等教育基金委员会组织,联合苏格兰、威尔士和北爱尔兰三个地区的高等教育基金委员会开展的全国性大学科研评价。RAE的科研评价主要采用同行评议的方法,实施基本步骤包括选择和确定评价对象、组建专家组、申报科研信息、专家组评审和公布结果。RAE以学科为基础设立15个主评小组和67个细分学科评估小组,每个细分小组组9~18人共约1100名专家组成,其中有1/3的专家来自英国之外的国家,主要目的是保证评价的公正性和一流水平。英国每一所大学都可自由选择参加某学科的评价,并提供评价报告及辅助材料,辅助材料包括科研团队、研究人员的代表性成果、研究生情况、科研经费、科研环境和信誉等,评价结果按照等级划分。

在三十多年的历史中,RAE强化了政府对高等教育的宏观调控、提高了高校的科研水平,使英国高校科研活动具备国际竞争力。但凡事有利必有弊,RAE也产生了很多负效应,比如,评价过程耗时费力、评价标准摇摆不定、资源分配倾向于精英大学等。英国高等教育基金委员会已开始酝酿新的评价体系——科研卓越框架(research excellence framework,REF),这一框架是在RAE基础上发展起来的升级版本。REF主要指标体系为:研究成果的质量、科研影响力和科研环境,权重分别为60%、25%和15%。REF更多使用文献计量或引用分析作为评定标准,同时继续沿用同行评议的方法,以使结果更具有客观性和公正性。包含国内外科研人员的评估小组将会采取星级的形式进行评分,分别是四星级(世界领先)、三星级(国际优秀)、二星级(国际认可)、一星级(国家认可)以及U级(未分等级)。REF有四大导向:成果导向、质量导向、共享导向和协同导向。2022年5月17日,在对英国157所高等教育机构的76132名员工的超过18万份科研成果进行评级后,最新的REF 2021正式发布。

三、荷兰

荷兰是典型的通过复杂程序和方法对教学和科研进行经常性评价/评估的国家,其评价模式已成为欧洲的代表性模式之一。在20世纪80年代之前,荷兰高校经历了申请审批拨款和按学生数量拨款的阶段。当时,荷兰政府和社会各界都希望提高高校科研的责任、质量和效率。1983年,荷兰引入"有条件资助"(Conditional Funding)政策,从此高校获得的政府拨款被独立分成教育拨款和科研拨款两部分,科研经费根据科研产出的评价结果进行分配。1993年,新的高等教育资助模式取而代之,该模式以教学科研混合各占一定权重进行分配,大部分拨款是根据历史数据而非科研评价结果分配的。从这一年起,荷兰高校协会开始对高校科研活动进行全面的评价,迄今为止已经进行了三次系统评价。在评价后期,还要对高校不同学科进行科研发展的SWOT分析,即对优势、劣势、机会和威胁进行全面分析评判,以明确调整后的战略和计划。这一阶段的科研评价目的不是分配科研经费,而是帮助高校进行科研管理以提高研究水平。

荷兰高校最新的一轮评估于2021年完成,依据的是荷兰大学协会(Vereniging van Universiteiten,VSNU)的《标准化评估指南(2015—2021)》,这次评价的程序和方法与此前基本相同,研究对象是高校的不同学科和细化的研究项目,评估方法是基于同行评议的事后评价方法。外部同行委员会依据研究的四个维度进行总结性评判,每一个维度都分为五个等级。事实证明,荷兰的科研评价活动成绩卓著,高校科研产出数量增多、质量提高,在国际上的科研竞争力日渐增强。

四、德国

德国是一个联邦制国家,因此德国的高等教育改革权限更多地下放至各州的教育主管部门,各所高校在科研上享有充分的自主权。由于传统上对于自由的追求,20世纪90年代之前德国高校从未进行过科研评估。后来随着政府的财政紧张和高等教育经费捉襟见肘,社会公众纷纷要求对公共教育支出是否取得成效进行评价。当时,在高等教育全球化背景下,德国的高等教育体制已经风声鹤唳,教育经费紧张导致技术创新能力下滑,教职员工的终身制使得科研活动缺乏新意等,都对德国高等教育的发展造成障碍。自然而然地,以提高高校科研质量为宗旨的高等学校科研评估制度逐渐形成。

比较幸运的是,德国的高校都可接受来自国家政府和州政府两级的拨款。国家层面负责教育和研究的机构是联邦教育与研究部,而德意志研究联合会(Deutsche Forschungsgemeinschaft, DFG)则负责制定、执行和评价科研和工程项目,为高校及研究机构提供科研经费。DFG 根据各高校的统计数据形成资助报告,报告的评价结果直接决定了 DFG 对科研项目的资助力度,在报告中还包括了评审专家情况和高校国际化发展程度等信息。相应地,对本州的高校负主要管理责任的州政府也很重视高校的科研工作,但具体的评价工作由各种中介机构来完成,主要有:州政府授权认可的机构,民间自愿组成的评价机构,联邦层面的有官方背景的机构,由各学科委员会成立的小组。以巴伐利亚州为例,科研评价的对象主要有论文、专利、科研项目、资金筹措情况、博士论文、科研奖励和参加各种社会工作等;科研评估程序包括内部和外部评估、评估结果执行、后续性评估等阶段。德国各级政府还很崇尚高校院系内部自我评估的做法。由各高校的自我评估小组具体实施评估工作,认清不足并改进,以促进高校科研水平的持续提升。

五、中国

迄今为止,我国仍未建立完善的高等学校科研评价/评估制度。目前国内高校排名基本由民间机构发布,在吸引各方关注的同时也广受质疑。同时,一种新兴的具有政府背景的"学科排名"逐渐走进了人们的视野。从 2002 年开始,教育部学位与研究生教育发展中心按照国务院学位委员会和国家教育委员会颁布的《授予博士、硕士学位和培养研究生的学科、专业目录》,对除军事学外的 80 个一级学科进行整体水平排名,为高等学校学科和整体评价提供了一条新的思路。

学科评估/评价是对高校某一学科的人才培养、科学研究、学术队伍、学术声誉及所要达到的目的或效果、效率进行综合评价及估计的过程,通过获取学科的发展方向和途径、研究重点和进展、资源获取来源及分配方案等有助于实现科学管理的重要依据,最终达到全面提高科学研究和人才培养质量和绩效的目标。经过多年的改进和修正,我国的学科评估已成为较为完善的科研评价制度。一方面,高等学校可了解自身学科优势、劣势及在国内所处的位置、分析学科发展的内在规律和趋势,作为学科发展规划与建设的参考;另一方面,社会各界可了解学科横向、纵向水平和发展状况,学生和家长可以在选报学校、专业时加以参考。学科评估的基本程序包括：数据采集、数据核实、信息公示、专家问卷调查、结果统计与发布。

学科评估最重要的是指标体系设置和权重的选择，学位中心制订了主观与客观相结合的评估指标体系。具体计算时，根据收集、核实的数据和专家给出的学术声誉得分和权重，按指标体系加权求和计算评价结果。以2007—2009年第二轮学科评估为例，一级指标包括学术队伍、科学研究、人才培养和学术声誉，二级和三级指标分别细化，其中除了学术声誉之外都是客观指标。

2009年结束的第二轮学科评估主要采取了如下改革举措：利用"归属度"方法解决成果跨单位跨学科重复使用问题；采取数据形式审查、重复使用检查、公共数据核查等措施，保证原始数据的可靠性；进一步优化和完善指标体系；扩充学术声誉和权重调查专家的范围，保证主观指标和权重设置的科学性；使用学科类信息采集客户端系统报送数据，保证规范性；全面开展学科评估后期服务，面向参评单位提供评估数据分析报告。

2012年2月，学位中心正式启动第三轮学科评估工作。采用"主观评价与客观评价相结合、以客观评价为主"的指标体系，客观评价指标包括师资队伍与资源、科学研究与创作、人才培养质量，主观评价指标为学科声誉，和第二轮学科评估的指标体系基本一致。此次评估体现出以下特点：一是强化质量评价，弱化规划与数量；二是突出学生培养质量评价；三是采用创新性学术论文评价模式；四是加强分类评估，突出学科特色；五是进行分层次评估，促进分层次办学。

我国的学科评估制度到目前为止仅有二十年的历史，还属于新生事物，势必有不完善的地方，但因其数据的真实性和完整性、评估学科范围的广泛性、各层次高校的参与性、社会影响的深远性等，已经成为国内高校学科排名的不可替代的参考。随着指标体系、评估方法的进一步完善，学科评估的借鉴作用会更大，但这种评估制度是以不同学科为评价对象的，难以替代对高校科学研究活动的整体评价。

第二节　高校科研绩效评价体系综述

高校科研绩效评价体系主要包括高校科研绩效排名、基于平衡计分卡的高校科研绩效评价与管理、基于数据包络分析法和Malmquist指数的高校科研绩效评价、基于标杆管理的高校科研绩效评价、基于绩效棱柱模型的高校科研绩效评价等。

一、国内外高校科研绩效排名

（一）综述

高等学校的排名系统，即用一套精心设计的指标体系按照预先设定的权重进行加权平均，将一定范围内的高校按照分数高低的顺序进行排列。在通用的排名系统外，很多专家学者还会自行设计指标体系对高校进行评价，但都没有常见的排名系统影响深远。排名系统常常是对高等学校的绩效或者水平进行评价，也有个别是对高校的科研能力或教学效果等单方面进行评价。

高校排名最早起源于19世纪的美国。早在1870年，美国联邦教育局根据100多所院校的多项数据，综合评价这些学校的办学绩效。到20世纪80年代中期，美国各种高校排名层出不穷，从不同的角度、层面反映了美国各类高校的整体表现。如今，多种多样的高校排名竞相发布。这些高校排名里，有针对国家或地区范围内高校的排名，也有世界范围内高校的排名。在同一种高校排名系统中，有综合竞争力、整体绩效或实力排名，也有针对科研活动、创新能力或竞争力的专项排名。不同的高校排名系统在发布机构、指标体系、权重设置、评价结果、公开形式等方面均有不同。

在大多数排名系统中，排名工作分为三个阶段：第一阶段，收集原始数据并预处理；第二阶段，把指标数据转化为分数；第三阶段，对不同指标分数进行加权平均得出总分。国内外的高校排名系统主要针对高校整体绩效，涉及科研绩效排名的较为少见。

除个别排名系统外，评价方法都选择多指标综合评价法，但因评价指标体系和权重不尽相同，评价得出的结果也大相径庭。无论怎样评价，总有一些世界著名的高校，比如，英国的牛津和剑桥，美国的哈佛、耶鲁、普林斯顿、麻省理工、斯坦福，中国的清华、北大等排在前列。排名之间的差异通常只出现在中低端级别的学校，对于这些高校而言，即使指标选择上细微的变动也会明显地改变排名，但这些学校显然不是大多数人重点关注的对象。任何高校排名都是有争议的，它提供的仅是看待高校国际/国内地位的一种视角，应将其作为了解高校的工具，而不应仅关注名次和地位。本书主要参考高校科研排名系统中科研产出指标的选择和测算。

(二)上海交通大学发布的世界大学学术排名

世界大学学术排名(Academic Ranking of World Universities，ARWU)是由上海交通大学世界一流大学研究中心和高等教育研究所研制完成的。2003年初次在网上公布，以后每年都更新数据和排行榜。ARWU采用完全公开透明、国际可比和可验证的科研产出和学术成果作为评价指标，发布以来获得了全球性关注和世界性影响。

(三)武汉大学发布的世界大学科研竞争力排行榜

武汉大学中国科学评价研究中心(Research Center for Chinese Science Evaluation，RCCSE)成立于2002年，是一个文理交叉跨学科的学术机构，主要由武汉大学信息管理学院、教育科学学院、图书馆、社科部、科技部等单位联合组建，是一个集科学研究、人才培养和评价服务于一体的学术研究机构。从2005年12月开始，利用国际知名的基本科学指标数据库(Essential Science Indicators，ESI)作为数据来源，对世界高校的科研竞争力评价进行了系统深入的研究，研发了"世界大学科研竞争力排行榜"，此后每年发布。此评价体系在国内外拥有一定的知名度，是少数几个明确以高校科研竞争力为研究对象的排名系统。

(四)澳大利亚西澳大学发布的高校科研影响力排名

2010年9月，澳大利亚的西澳大利亚大学发布了高校科研影响力排名(High Impact University Ranking)，这一排名完全基于高校公开发表学术论文在一定时间内被引用频次的g指数。g指数是在h指数的基础上衍生出来的概念。

H-index，或称为h指数，代表某人的学术论文高引用次数(high citations)，一名研究人员的h指数是指他最多有h篇论文分别被引用了至少h次。一个人的h指数越高，表明他的论文影响力越大。例如，某人的h指数是16，表示他已发表的全部论文中，每篇被引用了至少16次的论文共计16篇。在此基础上，2006年埃格赫(Egghe)提出了g指数，主要为弥补h指数忽视最高被引频次论文等缺陷提出。某人拥有g指数是指他发表的论文至少有g篇平均被引用频次不少于g^2次。g指数更加强调被引论文和普通优秀论文的双重影响，被认为是h指数的完美修正。

西澳大学的科研排名可以计算每个高校的研究绩效指数(research performance index,RPI),具体步骤如下:将高校科研活动划分为5大学科,计算高校每一学科分类的g指数;将高校每类学科分类的g指数进行归一化处理;将每个高校5个学科分类的归一化指数加权平均计算该学校最终综合研究绩效指数。该高校科研影响力排名采用了独辟蹊径的g指数综合平均的方法,计算结果完全公开透明、客观而且可比;不仅可以提供5大学科门类中不同高校的RPI,还可提供所有高校的综合RPI,是一种非常有效的评价科研绩效的方法。

(五)上述科研排名系统的评述

除了西澳大学基于h指数和g指数的科研绩效排名,其他几个排名的指标体系和权重设置都具有一定的共性:数据全部源于各大数据库或者统计资料,具有客观性和可验证性,在指标取值方面避免了人为估计、判断等不利情况的发生;重视科学研究的质量,而非仅看重数量,比如,指标体系包括高层次学术期刊论文、高质量数据库论文、获得高级科研奖项研究人员等,一切都强调同一领域中的高层次科研成果或者科研人员;注重论文的被引次数,即高水平论文不光要发表在卓越期刊上,还要能够有持续的影响力,即被很多后续研究成果引用;权重都是通过专家评价法事先计算好的,具有一定的稳定性和持续性,在不同的年份仅有微弱调整。当然,这些高校科研排行榜系统也存在过分重视科研论文而忽视科研课题、都是绝对规模评价而未考虑投入资源等问题,但在研究中仍具有重要参考价值。

二、基于平衡计分卡的高校绩效/科研绩效评价与管理

(一)平衡计分卡概述

20世纪90年代初,平衡计分卡(balanced score card,BSC)在哈佛商学院的罗伯特·卡普兰(Robert Kaplan)和美国复兴全球战略集团创始人、诺朗诺顿研究所所长戴维·诺顿(David Norton)所从事的"未来组织绩效衡量方法"研究中逐渐形成,后来发展为一种绩效综合评价体系。平衡计分卡具有注重组织非财务指标和长期持续发展能力等优势,因此很快引起了学术界和工商管理界的浓厚兴趣与强烈反响。

平衡计分卡被《哈佛商业评论》评为80年来最具影响力的管理工具之一,

据统计,世界前1000位的公司中已经有80%正在使用或计划使用平衡计分卡,世界最大的300家银行中约有60%正在使用平衡计分卡。它打破了传统的单一使用财务指标衡量业绩的方法,在财务指标的基础上加入了未来驱动因素,即客户因素、内部经营管理过程和员工的学习成长,在集团战略规划与执行管理方面发挥着非常重要的作用。

平衡计分卡的核心思想是通过财务、客户、内部业务流程和创新与发展四方面指标间的互相驱动的因果关系展现组织的战略轨迹,是实现"绩效考评—绩效改进—战略实施—战略修正"的管理过程。目前的平衡计分卡已经发展到战略地图阶段,成为强有力的组织战略实施工具。

平衡计分卡在高校绩效评估方面的优势如下:

将组织长期战略转化为具体的短期目标和计划。我国传统的高等学校并不重视长期战略目标的选择和具体实施,很多高校仅订立短期目标,而且这些目标往往只是科研成果数量方面的,即使个别高校制订了长期的战略目标和计划,也没有相关的具体保障措施。平衡计分卡很好地解决了这个问题,它将高校的长期战略目标与不同方面业绩影响因素相结合,通过合理地设计具体目标和指标,把高校发展战略转化成具体行动,并进行动态实施和评价。

将短期目标转化为可衡量的指标并在部门、员工中落实。目前的高校绩效评估体系,难以评估和测度未来的业绩和组织可持续发展能力,这会导致组织目光短浅,仅重视短期业绩而忽视长期战略的实现。制定平衡计分卡时,要把组织战略转化为可计量和考核的部门、员工业绩目标,并通过一系列的考评手段将这些目标很好地落实,最终转化为所有员工的日常工作。

通过交互式的过程,不断对战略进行检验、反馈和调整。平衡计分卡实施的关键在于从日常绩效考评得到反馈,从而对组织战略目标进行不断调整和修改。高校管理者应充分利用组织内外连绵不断的反馈信息来检验原有战略并加以修正,通过"战略微调—新的战略实施—绩效考评与反馈"周而复始的过程实现组织的持续发展。

（二）平衡计分卡在高等教育整体绩效和科研绩效评价中的应用

在国外,平衡计分卡不仅受到企业的欢迎,还因其注重非财务指标、组织战略和长期发展而被广泛应用于政府机构及非营利组织。国外很多高校的绩效评价、管理体系中也引入了平衡计分卡。比如,平衡计分卡在美国康奈尔大学、加州大学、华盛顿大学等都成功应用,使这些高等学校的管理进一步清晰明确。还有很多文献证明,平衡计分卡在加拿大、英国、新西兰、挪威等国家的高等教育领域都得到应用。

2001年,卡普兰和诺顿谈道,当平衡计分卡应用到非营利组织时应该适当调整,因为这些组织的目标是非财务的,他们同时建议将顾客放在战略地图的顶端。但谁是顾客呢?捐赠者提供了财务资源,而社会公众享受了这些资源带来的服务。顾客是付钱的人,还是接受服务的人呢?最终两人建议,将资源提供者和服务接受者都放到平衡计分卡的顶端。美国著名的平衡计分卡实践者与咨询顾问保罗·尼文研究认为,平衡计分卡在公共部门和非营利性组织的运用应注重战略转化、有效支持、团队构成以及绩效目标和评价指标的形成与完善。

2000年之后,我国很多学者将平衡计分卡应用于政府与非营利组织中,甚至高等教育领域。陈希晖等从客户、内部业务流程、学习与成长、财务四个层面上构建高校绩效审计评价体系,并设计了一系列相关指标;沈鸿借鉴平衡计分卡思想构建五元结构高校管理绩效评价体系,运用改进的模糊层次分析法求出评价指标的权重,为高校了解和提升自身管理绩效提供科学的依据;马苓和张庆文提出了教学研究型高校的绩效评估模型,从学校的政府与社会满意度、师生满意度、内部流程绩效和战略绩效四个方面展开,最后提出了具有可操作性的绩效评估指标和内容;张建新和冯彦妍从平衡计分卡的四个方面设计了高校绩效审计评价指标,把各项指标整合成一个完善的体系,以期全面提升高校的绩效管理水平;邢周凌和李文智运用结构方程构建基于平衡计分卡的组织绩效评价模型,该模型主要由员工满意度、教学科研绩效、社会满意度、财务绩效四个维度构成。

可以看出,在我国的高等教育领域应用平衡计分卡进行整体/科研绩效评价和管理非常可行且已经有了一些成功的经验。但还存在如下问题:上述内容都是基于平衡计分卡的四个维度将其细化建立指标体系的研究,但无法问答高等学校如何将其加以细化,细化为哪些指标最为合适等问题。很多指标需要通过问卷调查等方式取得数据,难以保证原始数据的真实性。不同的研究人员建立的指标体系相差很大,没有形成一致的观点,建立一套大家公认的指标体系困难重重。高校的性质显然与企业存在很大不同,与政府和其他非营利组织相比也有自己的一些特点,所以高校在应用BSC时应该突出自己的特色,跳出企业的条条框框,不应该照搬照抄。上述文献虽然想突出高校的特色,但大多仍然局限在经典平衡计分卡理论的框架范围内;并且即使有实证研究,范围也比较狭窄。应用平衡计分卡建立绩效评价指标体系后,怎样计算权重对不同高校进行评价;是主观赋权还是通过其他统计方法;评价结果出来后,怎样有针对性地改进高校的管理;都是值得进一步探讨的问题。

三、其他高校科研绩效评价体系

(一)绩效棱柱模型

绩效棱柱模型(Performance Prism)是由克兰菲尔德学院教授安迪·尼利(Andy Neely)与安达信咨询公司于2000年联合开发的三维绩效框架模型,用棱柱的五个面分别代表组织绩效存在内在因果关系的五个关键要素:利益相关者的满意、利益相关者的贡献、组织战略、业务流程和组织能力。与平衡计分卡相比,绩效棱柱模型从只关心一个或两个利益相关主体的观念转变为逐步关心所有重要的利益相关者,还很关注他们的满意程度。

绩效棱柱包括相互关联的五个方面:利益相关者的满意,即哪些主体是我们的主要利益相关者,他们的期望和要求是什么;利益相关者的贡献,即我们想从利益相关者那里获得什么;战略,即我们应该采用何种战略来满足利益相关者的需求,同时也兼顾我们自己的要求;流程,即我们需要执行何种流程才能实现我们的战略;能力,即我们需要获取哪些能力来运行这些流程。

我国大部分关于绩效棱柱模型的研究都集中于企业绩效评价,只有曾晓燕分析了绩效棱柱在公共部门中应用的可行性,并建立了其应用于公共部门的理论框架;张川和张景可根据高等院校本身所具有的特点,应用绩效棱柱模型,提出高等院校绩效评价的设计思路,探索适合于高等院校的绩效评价体系。虽然绩效棱柱模型不是一种主流的高校绩效评价方法,但其中关注所有利益相关者的思想值得借鉴,本书也拟在评价高校科研绩效时参考绩效棱柱模型的有关思想。

(二)基于投入产出指标综合得分对比的高校绩效评价

2009年12月,中央教育科学研究所高等教育研究中心发布了第一份中国高等学校绩效评价报告。虽然该报告的结果备受争议,却也得到了广泛关注,该研究是基于投入产出理论的绩效评价,其基本思想是将投入向量与产出向量组成二维结构,依据"投入产出"的数学模型,构建体现高校绩效的"投入/产出关系值",并以此进行评价,即从高校资源利用效益方面评价高校的绩效。

在该报告中,高校绩效评价的基本步骤如下。

第一步,依据文献和专家讨论筛选出最初的投入和产出指标,通过典型相关方法、聚类分析方法再次筛选并确立指标。

第二步,运用主成分方法,分别计算投入和产出综合得分。先基于投入指标组和产出指标组的协方差矩阵,计算出各个产出主成分与投入主成分的特征值及方差贡献率、累计方差贡献率。以方差贡献率作为权重,得到产出综合指标得分和投入综合指标得分,并将其分别进行T分数折算,使折算后的分值均为正值并完全反映原始分数所代表的学校投入和产出状况。

上述方法的不足之处在于,其一般只能计算某个年度的高校绩效,如需测算高校多年的整体绩效或综合绩效,则要将分别算出的n年产出综合指标得分、投入综合指标得分加权平均,代入"产出投入"模型所得分值即为高校n年的绩效得分。公式如下:

高校绩效得分=整体产出综合得分/整体投入综合得分

此方法充分考虑到促使高校绝对产量变化的条件,力求透过投入差异看产出结果的不同,将评价着眼于投入产出的效益之上,使每个高校都可以站在由投入和产出绝对量转化而成的效益标准上,从而淡化了既有存量对评价结果的影响,集中反映高校在资源利用上的主观努力和效果。其中高校产出中科研产出的选择和测算值得借鉴。

第三节 高校科研绩效评价方法综述

一、定性评价方法

(一)同行评议方法

同行评议是一项历史悠久、行之有效的科研评价方法。可以将其理解为:

针对科学研究中的某项事物,聘请该领域或相近领域的多名专家学者,运用专业知识和经验,就评价对象的学术水平及价值进行主观的、全面的整体评判,其评价结果可作为决策依据。同行评议常常与一国科研资源的分配及科技决策有关,因而受到人们的重点关注。

最早的同行评议法可追溯到15世纪威尼斯共和国的专利审查办法。17世纪,英国皇家学会采取了与同行评议类似的做法,对学者入会申请和会员科学论文进行评价。1930年后,美国一些科研资助机构采用同行评议法评审高校科研项目申请。1950年,美国国家科学基金会制定了项目评审的固定模式和程序,将同行评议方法规范化和制度化。此后,这一方法成为国际学术界公认的科研水平评价手段。

在我国,同行评议应用于很多科研评价领域,如科研项目申请、科技论文外审、科研成果等级评定、职称和学位论文评审等。同行评议的三个关键问题是谁来评、评什么和如何评也就说要关键在于评审专家系统、评审标准和评审程序。具体实施形式有通信评议、会议评议、调查评议和组合评议等。国家自然科学基金、国家社会科学基金及各级各类科研项目评审基本采用同行评议的方法,这从侧面反映了同行评议的广泛适用性和科学性。

与各类定量评价方法相比,同行评议具有主观性和定性特征。国内外很多文献证明,同行评议的结果经常能"接近"或者"重现"多数人对评价对象的主观判断,甚至与文献计量学的量化评价结果趋于一致。但是,由于同行评议本质上是一种主观评价,评审程序非常复杂,因而不可避免存在很多缺陷,比如:某些领域专家缺乏或者难以选择适当的专家;评审周期长、耗用经费多;很多专家偏爱传统领域项目,对新生学科,尤其是交叉学科项目带有一定的偏见;对评审专家的监管难以落实,某些专家会敷衍了事、不负责任,或者在人情攻势下降低评判标准。

(二)德尔菲法

德尔菲法是专家会议法的一种延伸和发展,具有匿名性、反馈性和统计性。它以匿名方式通过几轮函询征求专家们的意见,且专家之间互相不得讨论。组织决策小组对每一轮的意见都进行汇总整理,作为参照资料再发给每一个专家,供他们分析判断,提出新的意见。如此反复,使得专家的意见渐趋一致,最后做出最终结论。德尔菲法作为一种主观、定性的方法,不仅可以用于预测领域,而且可以广泛应用于各种统计评价。

与专家会议法相比,德尔菲法有自己的优缺点。优点包括:充分征求专家意见,避免会议讨论时因顾及情面、不敢反驳权威而导致的随声附和;充分考虑各位专家的意见,集思广益,取长补短。主要缺点是:问卷不容易设计,问题过多、回答时间过长;问卷传递和回收轮次较多,过程复杂,花费时间较长,有时会出现问卷难以回收的情况;有些专家即使意识到原来的意见有问题也不愿修改。

二、定量评价方法

(一)文献计量方法

同行评议法和德尔菲法都是基于专家知识、经验的定性评价方法,主观性难以完全避免。为此,人们探索出更加客观、公正、科学的评价方法,即文献计量方法。

文献计量方法来源于文献计量学。文献计量学是以学术文献及其计量特征为研究对象,采用数学、统计学的计量方法,研究各种文献的分布结构、数量关系和变动规律,探讨科学技术的特征及规律的学科。文献计量学的核心支柱是经验统计规律,如洛特卡定律、齐普夫定律和布拉德福定律等。文献计量方法是指利用论文、专著、研究报告、会议录等出版物和专利、引文等统计指标进行科研评价的一种量化评价方法。最常见的文献计量方法包括出版物数量及频率统计、文献作者分布规律统计、文献词汇分布规律统计和引文分析等,尤以引文分析最为重要。

引文分析出现于20世纪20年代,是利用数学、概率论与数理统计等方法,通过文献相关数据的比较、归纳、抽象、概括,对其引用与被引用现象进行分析、判断,以揭示内在规律的一种文献计量分析方法。引文分析以各种出版物引用、被引用的原始数据为基础,因而具备完全的客观性和可验证性。目前,世界范围内影响最为深远的是 ESI 基本科学指标(essential science indicators)数据库,它是汤姆森集团在收集、分析 ISI Web of Science(SCI, SSCI, A&HCI)所收录的学术文献及其参考文献基础上建立起来的分析型数据库。通过该数据库,研究人员可以获取引文排名、高被引论文、引文分析和专家评述等数据资料。因其权威性,该数据库及其引文分析对我国的科研人员同样重要。

近年来,文献计量学和文献计量方法发展迅速,在高等学校科研评价中应用特别普遍。比如,教师个人绩效评价、学校科研奖励标准制定、项目评审重要支撑材料等。随着文献计量方法的进一步改进、完善,科学评价会更加公正、合理。

(二)综合评价方法(多指标综合评价方法)

综合评价方法是在收集、整理文献信息基础上,建立完善指标体系并合理分配权重的过程。科学文献信息的收集是否权威齐全,评价指标体系的建立及其指标权重的分配是否合理适当,直接影响综合评价结果的真实性和可信度。

1. 指标体系构建

评价对象时,若仅从单一指标上评价则不够全面,只有将反映被评价事物的多项指标的信息加以汇集,得到一个综合指标,才能从整体上反映被评价事物的全部情况。这就需要运用到多指标综合评价方法,即把描述评价对象不同方面的多个指标的信息结合起来,得到一个综合指标,由此对评价对象做一个整体上的评判,并进行横向或纵向比较。

国内外很多学者利用多指标综合评价法对高校整体绩效或者科研绩效进行评价,建立指标体系或综合评价模型。当然,指标体系建立的基础不完全一致,有的基于整体科研规模、水平、竞争力、发展潜力等建立指标体系,有的基于平衡计分卡或者利用绩效棱柱模型等建立指标体系,不一而足,可以说没有优劣之分,只是在特定情况下要注意是否恰当和适用。

2. 权重计算方法

计算指标权重的方法多种多样,比如专家调查法、德尔菲法、因子分析法、层次分析法、主成分分析法、熵值法、熵权改进层次分析法等。因专家调查法和德尔菲法都是利用专家意见综合判断得出权重的定性方法,此处不再赘述。其他方法介绍如下。

(1)主成分分析和因子分析法

主成分分析(principal component analysis,PCA)和因子分析(factor analysis,FA)是两种把变量维数降低以便于描述和分析的方法。实际上主成分分析可以说是因子分析的一个特例。当原始变量即指标数目过多时,可以选择这两种方法中的一种减少指标的数目。下面仅介绍因子分析法。

FA是一种多元统计分析方法,是从变量群中提取共性因子的统计技术。

FA可在许多变量中找出隐藏的具有代表性的因子,将相同本质的变量归入一个因子,用少数几个抽象变量即公因子来反映原来众多的观测变量所代表的主要信息,以达到降维的目的,这种方法还可检验变量间相关关系的假设。

通过FA建立综合评价模型的步骤如下:将原始数据正向化和标准化;检验变量是否适合因子分析;建立指标间的相关系数矩阵和因子载荷矩阵,计算特征根及方差贡献率;因子载荷矩阵将公共因子表示为变量的线性组合,得到评价对象在各个公共因子上的得分;以各公共因子的方差贡献率占公共因子总方差贡献率的比重作为权重进行加权汇总,建立因子综合得分函数,并进行综合评价。

FA法具有内在一致性、软件自动赋予权重等优势,且多用于原始指标数目较多时进行降维处理,从而降低绩效评价的成本。

(2)层次分析法

层次分析法(analytic hierarchy process,AHP)的核心观点是通过分析复杂系统的有关要素及其相互关系,将系统简化为有序的多层次递阶结构。在每一层次,按其上一层的某一准则或要素,对该层要素进行两两比较,确定每一要素的相对重要性,每一层次都计算后确定多层次要素对于总体目标的组合权重。

AHP法的基本步骤:第一,建立递阶层次结构。对所要解决的问题进行分类,构造一个各因素之间相互联结的递阶层次结构。处于最上面的层次是要实现的最终目标,中间层的元素是准则层和子准则层,最低层称为方案层。第二,针对总目标计算权重,并进行一致性检验。利用同一层次中所有层次单排序的结果,可以计算针对上一层次而言本层次所有因素(指标)相对重要性的权重。这种层次总排序需要从上到下逐层进行。层次总排序也要通过一致性检验。

(3)熵值法

当涉及指标数目较多时,传统的层次分析法计算权重容易出现混乱或过于集中的问题,综合评价结果显然受专家主观判断影响。为解决这一问题,引入客观权重的计算方法——熵值法,这种方法可以综合考虑原始指标提供的所有信息量。

某个评价对象j的所有评价值x_{ij}完全相同时,熵值达到最大值1,熵权为0,这意味着该指标没有提供任何有用的信息,即该指标对评价体系用处不大,有没有该指标对最终结果无影响;某个评价对象 j 的评价值 x_{ij} 差异很大时,计算出的熵值较小、熵权较大,说明该指标提供信息较多,对于评价目标有重大影响,应着重考虑。

(三)综合评价模型

1. 加权平均综合评价

加权平均综合评价模型,又称为线形综合评价,是指按照评价对象的特点建立多个指标的评价体系,将所有评价指标得分与其各自权重乘积求和,得出综合评价值 w。加权平均法将多个指标通过不同权重合并成为一个综合性指标,使无法排序的对象成为可排序的对象。

具体应用这种方法评价高校科研绩效,会碰到各种不同的情况。比如,指标体系建立基础是科研影响力还是科研规模,抑或平衡计分卡体系。权重计算方法也有德尔菲法、层次分析法、熵值法等多种选择,还可以将主观赋权和客观赋权结合起来。在这一模型下,高校科研绩效评价的方法和体系联系在一起,同时权重计算方法和指标体系也相互融合。

2. 模糊综合评价

模糊综合评价的基础理论由美国自动控制专家查德(L.A. Zadeh)于1965年提出,在很多研究领域得到了广泛的应用。模糊综合评价是对具有多种属性的事物,或者总体优劣受多种因素影响的事物,做出一个能合理地综合这些属性或因素的总体评判。当某个指标体系中多数属于定性指标,难以在现实生活中取得相应的统计资料,需借助模糊综合评价法进行评价。评价过程要邀请多个专家对各项指标根据前期的调查结果和资料模糊打分,因具体指标性质不同不能直接相比,受到各位专家主观判断的影响,使评价结果存在模糊性和不确定性。具体步骤如下。

确定评价因素集。进行绩效评价的因素构成一个集合,比如指标 X_1—X_4 构成评价一级因素集,指标 X_{11}—X_{44} 组成二级因素集,也可称具体指标。共有一组一级因素集和四组二级因素集。

确定等级评价集。即对评价的各种可能出现的结果构成一个集合。比如,设定等级评价集为: $V=\{$优,良,中,较差,差$\}$,赋予相应的值: $V=\{100, 80, 60, 40, 2\}$。

计算评价权重集。可选用各种权重计算方法建立权重集,包括一级因素

权重集 W 和具体指标权重集 W_i。

对各指标进行单项评价,确定评价矩阵。评价矩阵展现了评价因素集中各指标与评价等级之间的一一对应关系,假设有10名专家对某因素集的各个指标进行评价,则得到某具体指标的评价矩阵:$R=(0\ 50\ 20\ 20\ 10)^{\mathrm{T}}$。矩阵中的数值称为隶属度,表示认为指标达到某种程度的专家人数 n 与总人数 N 的比值乘以100,具体来看,有10×0.5=5个专家认为该指标达到良,有2、2、1个人分别认为这个高校在这个指标上达到中、较差和差,没有人认为该高校这个指标上是优秀。

将评价矩阵与权重相乘,得到加权评价矩阵。对加权评价矩阵的每一列进行模糊综合运算(如最大值、最小值、平均值等),得出综合评价结果。对综合评价结果进行解模糊化处理,将模糊的评价结果转化为具体的数值。再根据最大隶属原则,找出其中隶属度的最大取值,给出模糊综合评判结论。

以上对二级综合评价的介绍,按照同样的方法可以建立三级、四级甚至更多级的模糊综合评价模型。

3. TOPSIS 法

TOPSIS(technique for order preference by similarity to an ideal solution)是一种常用的有限方案多目标(属性)决策分析法,可用于效益评价、规划、决策等多个领域。其核心思想是:计算各评价目标与理想解(最优目标)和负理想解(最劣目标)的距离,与理想解的贴近度越接近1,则越接近于最优水平。

TOPSIS法的基本步骤如下:对决策矩阵作归一化处理,得到标准化矩阵;对归一化后的矩阵用对数最小二乘法计算指标权重向量;计算加权后的数据矩阵;确定理想解和负理想解,并计算各评价对象到理想解和负理想解的距离;计算各评价对象到理想解的相对贴近度,即TOPSIS得分,将其作为绩效值。

4. 评述

根据前面的介绍,可知对高校科研绩效进行评价,最普遍的做法就是建立综合评价模型。首先,基于不同理论并借鉴国内外相关文献、专家意见,建立评价指标体系;然后,采用主观赋权、客观赋权或者主客观相结合方式计算指标权重;最后加权平均综合评价高校科研绩效。当然,也可以采用模糊综合评价、TOPSIS等模型测算科研绩效。

综合评价方法是通过建立指标体系并赋予一定权重进行加权平均的结

果。采用该方法进行高校科研绩效评价主要存在如下问题：

指标体系设计缺乏依据。比如大部分评价体系并没有明确说明评价的内容是高校的综合实力、科研能力还是绩效水平。要对高校科研绩效进行评价，必须明确指标与绩效之间的关联性。

评价指标数量没有明确规定。如果指标数量过多，容易造成指标间具有严重的相关关系；如果指标数量过少，又有可能不能完全反映高校的方方面面。很多评价指标体系采用主观赋权法计算权重，权重到底如何取得、是否应有主观因素存在都值得探讨。

指标赋权的方法或者模型很多，如何做出恰当的选择还需要进一步研究。多指标综合评价法仅得出高校科研绩效得分的结果，并没有分析为什么高校的科研绩效是这样的，也难以进行敏感度分析和提出进一步改进绩效的策略。

鉴于此，普通多指标综合评价方法评估高校绩效虽然容易理解、应用范围较广，但其方法本身存在的主观性较强问题难以解决，很难成为最佳的高校科研绩效评价方法。

第四节 改进高校科研管理绩效评价的必要性、意义和方向

一、绩效评价的必要性

长期以来，我国科研评价体系和激励机制以科研业绩和工作量为核心，存在唯数字化的倾向，重数量轻质量、重形式轻实质，导致科研成果数量虽迅猛增长，但高水平科研成果增长缓慢，尤其是融合领域的代表性科研成果。

虽然我国科研绩效规模逐年增长，但由于科研评价体系没有彻底改变，比如有的地区晋升职称规定只有带绩效的科研项目才能作为入选条件，导致科研绩效就像"撒芝麻"一样，分散于全国各科研院所，使得科研绩效的使用效益大大降低。由于绩效得不到保障，相应地，一些原始性创新项目、研究周期较长的基础性项目、经济效益不明显但社会效益明显的重大人文社科项目，常常被推迟、延误。

二、绩效管理面对的挑战

我国科研绩效管理经历了从无到有、从有到全的发展历程，逐步形成全方位、多方面的管理模式，但在新形势下，科研绩效的管理同样面临新情况、新挑战，主要体现在以下几个方面。

（一）科研经费投入逐年递增的现状挑战着科研绩效管理模式的创新

随着科研机构科学研究水平和服务社会能力的不断增强，以及各类科研成果的完成和应用，我国由科技大国逐步向科技强国迈进，科研绩效的保障作用日益凸显。国家在科研经费投入规模上呈逐年递增的趋势，并且增幅明显。

虽然科研经费需求与投入总量不断增长，但国家科研绩效管理要求与现行政策和制度脱节，导致现有财务管理模式难以适应大幅增长的科研经费规模。如何管理好科研绩效、提高科研经费的使用效率，还需要科研绩效管理模式的不断创新。

（二）科研绩效管理政策松绑对科研绩效的监管提出了新要求

近年来，中央、地方等相继出台科研绩效管理政策，这些政策通过改革和创新科研经费使用和管理方式，对科研政策进行松绑、对科研人员进行激励，为科研人员潜心研究提供了制度保障。如中共中央办公厅、国务院办公厅印发的《关于实行以增加知识价值为导向分配政策的若干意见》（以下简称《意见》）指出，项目承担单位可合理安排绩效支出；财政部、科研部发布的《国家重点研发计划资金管理办法》提出，可扩大劳务费开支范围。

科研绩效管理政策的松绑，目的是进一步提高科研活动效率，激发科研效益，但并不是一味放任，而是对科研绩效的监管提出了新要求。如《意见》同时提出要"规范管理，改进服务，强化自我约束和自我规范"。政策松绑、规范管理和监督问责均是《意见》的重要内容，缺一不可。科研政策松绑、科研人员激励同强化科研绩效规范管理并行不悖。如何协调运行，是科研绩效管理面临的一个挑战。

（三）科研绩效管理对支撑高质量科研产出方面的作用还未充分发挥

世界知名科学、技术和医学信息产品及服务提供商爱思唯尔（Elsevier）

2023年发布的报告显示：2022年爱思唯尔"中国高被引学者"上榜共计5 216人，来自504所高校、企业及科研机构，覆盖了10个教育部学科领域中的84门一级学科。中国在科研成果产出量保持高位但质量相对较低，中国学者的平均FWCI(域加权引用影响，通常用以衡量科研质量)低于世界平均水平。

这说明，就目前而言，科研绩效的指挥棒作用在我国还未得到充分发挥，在某些科技前沿领域虽有重大突破，但整体上广度不够，要在更广泛的前沿领域实现科技研发全面开花的态势，就需要在科研绩效管理上合理布局。

如何提高科研绩效管理的高效益，充分发挥科研经费对科研成果产出的支撑作用，需要我们进行新的探索。

三、绩效管理的方向

新形势下，我们要从民族复兴、国家富强的大局上看待科研绩效的使用和高校科研绩效的管理。科研绩效管理与监督政策性强、操作性强，为有效提高科研水平，科研绩效管理必须适应新的特点和情况，尤其是尽快适应科研绩效管理"简政放权、管服结合"的趋势，加快科研绩效管理与监督的转型，实现更科学化的管理。

加强国家、地方政府层对科研绩效管理的整体设计，制定完备的有关科研绩效管理的法律法规。科技创新离不开制度创新，只有从立法的角度规范科研绩效的管理模式，才能为科研绩效的监管创造良好的法治环境、增强科研人员依法依规使用科研绩效的观念。

在国家层面，可以依据现有科研绩效管理部门所管科研绩效总量、使用方向、相关功能等实际情况，进行职能合并整合，优化科研绩效管理部门的体制，集中科研绩效来源结构，逐步实现统一管理，提高科研绩效管理的效率和规范化水平。

地方政府作为承接、落实国家政策的关键环节，应不折不扣地落实好国家政策，要完全接得住国家对科研绩效松绑的相关政策精神，应结合当地实际，综合考虑相关因素，尽快制定出适应当地的、操作性较强的科研绩效管理实施细则，打破政策实施的"梗阻"。着力构建多部门联动的大科研绩效管理格局，使科研活动具有一定的周期性和紧密的系统性。

每一项科研项目都是复杂的综合性系统，科研项目、科研机构和单位、行政部门之间有着极强的关联性。在我国科研绩效管理中国家层面涉及国家社科办、自然基金委、科技部、教育部等部门,科研机构中涉及财务、科技、社科、资产、监察、审计等多个部门,科研人员单位内部也涉及分管科研业务的领导、科研秘书等多名行政人员。由于科研绩效来源不同,其使用方向和具体要求亦不尽相同,这在一定程度上也造成科研人员在科研预算上花费时间较多,科研绩效管理效率不高。根据《意见》的要求,科研绩效设置应趋于一致,加大科研绩效管理部门相互协同力度成为必然趋势。

应该从尊重科研规律和适应科研活动实际需要的角度,构建多部门协调联动的大科研绩效管理格局。同时,要根据《意见》精神,改进预算编制办法,实行粗线条管理,逐步下放预算调剂权限,力求使预算编制充分体现项目实施内容。

第三章 高校科研绩效评价指标体系的构建

第一节 评价指标设置的原则

建立一个科学、合理的评价指标体系是做出准确、全面的综合评价的关键所在。评价指标体系是由若干个相互关联、相互作用的评价指标，按照一定的层级结构组成的有机整体。指标设置是否科学，对综合评价结论是否正确有着极大的影响，因此，在设置高校科研绩效评价指标体系的评价指标的时候，应遵循一定的原则。

一、导向性原则

评价对象涉及众多关联、关系，评价指标要充分体现评价对象的内涵与特征，将有明确导向性的指标选择进来，不能把关联度过小或者无关的指标纳入体系。高校科研绩效评价指标应紧密结合高校科研工作的各种重要体现，有重点地选择最能代表高校科研重点和发展方向的指标。

二、层次性原则

评价对象的要素构成较为复杂，为便于评价分析，在设计指标体系时应根据系统关系将指标逐层逐级进行分解，一般分为一级指标、二级指标、三级指标等，从而形成具有一定层次结构的评价指标体系，实现对评价对象的层次化描述。高校科研绩效评价体系是一个复杂的系统，应对指标进行分类分解。

三、系统性原则

绩效评价是一个全面性、综合性的评价，指标体系的设计应从系统整体的角度出发，要求所选取的各指标要能够既反映评价对象总体特征的各个视角，又可以系统地、全面地、准确地反映评价对象的内涵和特征,成为一个紧密联系的有机整体。在设置高校科研绩效评价指标的时候,指标的选取应尽可能覆盖高校科研活动的全部内容。

四、独立性原则

选取的各评价指标在一个系统内,但又要尽可能地满足相对独立性,互不包含、互不交叉、互不重叠、互不替代。如果两个指标大同小异或存在包含的关系,则会导致信息的重复,最终影响到评价结果的客观公正性。在选取高校科研绩效评价指标的过程中,应尽量选择无相互关联的指标,使指标之间具有相对独立性。

五、可操作性原则

设立指标体系,既要满足理论上的导向性、系统性、科学性,又要满足实际操作过程中的可行性与适应性;因此,在构建评价指标体系时,要保证指标体系所需的全部数据均能取得真实可靠的第一手资料。可操作性在实际评价过程中主要指评价指标数据的可采集性、可测度和可统计性。在构建高校科研绩效评价指标体系选择指标时,应尽可能地选择目前统计资料可以直接获取数据的指标,避免选择难以有效量化或难以统计的指标。

第二节 科研绩效评价指标的选取
与评价指标体系的构建

一、专家学者构建的科研绩效评价指标体系

国内外已有很多专家学者对高校科研绩效建立了评价指标体系或综合评价模型,这些体系建立的基础不完全一致,有的基于整体科研规模、水平、竞争力、发展潜力等建立指标体系;有的基于"投入—产出"模型建立指标体系;有的基于平衡计分卡或利用绩效棱柱模型等建立指标体系,不一而足。通过归纳分析也可发现,这些体系多多少少有着相当一部分的共性。

戚湧、李千目、王艳等学者构建的高校科研绩效评价体系包括科研资源、

科研投入、科研产出和效益3个一级指标，下设7个二级指标，15个三级指标。

张丽琨博士从科研投入、科研产出、社会影响等三方面选取了18个指标设定了高校科研绩效评价指标体系。

张振华等人利用层次分析法，构建了高校科研绩效评价三级指标体系，该体系兼顾了指标间的定性与定量、过程与结果、静态与动态的关系，反映了各科研院所的科技创新能力、科研保障水平、成果产出绩效、人才队伍建设以及成果转化成效情况。

从以上专家学者构建的高校科研绩效评价指标体系来看，虽然选取的指标和指标的归类有所差异，但总体上看，科研投入、科研产出、科研效益等方面相关的指标是专家学者构建高校科研绩效指标体系选择的重点，多数专家学者认同经费投入、人力投入、科研平台、科研项目、成果获奖、论文专著、知识产权、合作交流等二级指标是评价高校科研绩效的重要指标。

二、指标体系构建的依据及思路

高校科研涉及学校工作的诸多方面，是一个庞大、复杂的系统。要用有限的指标来评价，必须构建一个科学合理的评价指标体系。构建评价指标体系的第一步也是关系到最后结果的核心环节就是评价指标的选取，指标的设置应符合高校科研的特点，充分体现高校科研绩效的规律，同时源于实际。

以"投入—产出"为指标设置基础，并在此基础上做一定合理的延伸扩展，从科研资源、科研投入、科研产出与效益、社会影响四个方面选取指标。科研资源反映了高校在科研方面的基础实力，科研投入反映了高校在科研工作上经费、人力的投入力度，科研产出与效益反映了高校科研方面的成果与效益，社会影响反映了高校科研在学术、人才的对外影响状况。

对应具体数据的三级指标的数量要大概控制在30个左右，过多的指标不利于层次分析的开展，也会使权重的计算更加复杂；过少的指标难以全面描述分析其绩效的整体状况，也会显得过于单薄，没有说服力。最后，笔者认为要对各高校的绩效状况进行横向对比，应剔除不同高校不同规模带来的影响。

第三节 评价指标的无量纲化处理

量纲是物理学概念,时间的长短、质量的大小、速度的快慢等都是量纲,反映了特定物理量或物理现象的度量。无量纲化,也叫数据的标准化、规格化,即通过一定的数学变换,把原始指标量纲的影响消除,把不具有可比性的原始指标值转化为可以相互比较的数据。

一个指标体系由众多指标组成,各个指标的计量单位、经济含义、表现形式以及对总目标的作用、趋向等各不相同,因此,不同量纲的指标值不具可比性。在对统计指标进行分析时,必须对其进行无量纲化处理,消除量纲的影响,确保综合评价结果的准确性。当前常用的无量纲化处理方法主要包括:极值化、标准化、均值化以及标准差化等方法。由于本指标体系各指标均为正指标,满足趋同化要求,故而采用极大极小值法。

一、直线型无量纲化方法

本方法的基本思想是假定实际指标和评价指标之间存在着线性关系,实际指标的变化将引起评价指标一个相应的比例变化。代表方法有:阈值法、标准化法(Z-score法)、比重法等。

(一)阈值法

阈值也称临界值,是衡量事物发展变化的一些特殊指标值,比如极大值、极小值、满意值、不允许值等。阈值法是用指标实际值与阈值相比,以得到指标评价值的无量纲化方法。

(二)标准化法

统计学原理表明,对多组不同量纲数据进行比较时,可以先将它们转化成无量纲的标准化数据。综合评价就是要将多组不同的数据进行综合,因而可以借助于标准化方法来消除数据量纲的影响。

(三)比重法

比重法是将实际值转化为它在指标值总和中所占的比重。

以上三种方法是常用的直线型无量纲化处理方法,这些方法的最大特点是简单、直观。直线型无量纲化方法的实质是假定指标评价值与实际值呈线性关系,评价值随实际值等比例变化,而这往往与事物发展的实际情况不相符。这也是直线型无量纲化方法的最大缺陷。为了解决这个问题,可以用折线或曲线代替直线。

二、折线型无量纲化方法

常用的有凸折线型、凹折线型和三折线型三种类型,现简单介绍一种用阈值法构造的凸折线型无量纲化法。

从理论上来讲,折线型无量纲化方法比直线型无量纲化方法更符合事物发展的实际情况,但应用的前提是评价者必须对被评事物有较为深刻的理解和认识,合理地确定指标值的转折点及其评价值。

三、曲线型无量纲化方法

有些事物发展阶段性的临界点不明显,而前中后各期发展情况截然不同,也就是说指标值变化对事物发展水平的影响是逐渐变化的,而非突变的。在这种情况下,曲线型无量纲化方法更为适用。

无量纲化方法在使用时,尽可能选择符合讨论对象性质的方法,不能不加考虑随便选取。当然也可以同时选用几种,然后分析不同的无量纲化对结论会产生多大的影响。实际工作表明,不是越复杂的方法就越合适,关键在于是否切合实际的要求,在这个前提下,越简单、越方便使用,就越会受欢迎。

第四节　评价指标权重方法的选择

所谓评价指标的权重,指的是各个评价指标在整个评价指标体系中重要程度的量值。评价指标权重的确定是整个综合评价体系中至关重要的一个环节,权重确定的合理与否,对综合评价结果的准确与否起到了决定性的作用。

当前,指标权重的计算方法多种多样,一般分为主观赋权法和客观赋权法两大类。主观赋权法包括专家调查法、德尔菲法、灰色综合评价法、层次分析法、环比系数法等;客观赋权法包括因子分析法、主成分分析法、相关矩阵判别法、熵值法等。

主观赋权法的特色在于,决策者根据自身经验和实际情况,对各个指标的重要程度给出主观的权重打分,对指标的重要程度做出大致的判断。但主观赋权法受到主观性较强影响,给出的权重往往客观性不足。层次分析法作为主观赋权法的经典方法,其特点就是将复杂系统简化为多层次的递阶结构,且结合了定性分析与定量分析,一定程度上减少了人为因素的干扰。因此层次分析法适用于复杂的高校科研绩效评价指标体系。

客观赋权法则是站着客观的角度,根据原始数据信息通过数学计算赋予指标权重,具有较强的数学理论依据,但结果可能与决策者的主观意向或实际情况有所出入。熵值法作为一种客观赋权法,高度依赖客观数据,操作方法较为简便。高校科研绩效评价指标涉及的数据多且需要反复使用,因此熵值法对本研究而言是一种较为合适的客观赋权法。

从上述分析可知,层次分析法作为一种主观赋权法与熵值法这一客观赋权法具有一定的互补性,将层次分析法与熵值法结合起来应用于研究,在许多外文文献中应用的领域颇为广泛。Mon 等人采用模糊层次分析——熵值法,推断出利用区间运算的熵值法在各种替代因素中,估计满意度的优越性。Hsu 等人将层次分析——熵值法作为选择权重的标准,应用于可持续供应链中加盟商的选择问题。Chen 等人应用模糊数学、层次分析–熵值法构建的模型对食品安全性进行了评估,确定了受测样本的安全性等级。

一、层次分析法

层次分析法(analytic hierarchy process,AHP)由美国著名的运筹学家萨提(Satty)于 1978 年提出。该方法强调人的思维判断在决策中的作用,它的核心思想是通过对系统的有关要素及其相互关系进行分析,将复杂的系统简化为有序的多层次递阶结构。在每一层次,按其上一层的某一准则或要素,对该层要素进行两两比较,从而确定每一要素的相对重要性,最后通过计算确定多层次要素对于总体目标的重要性顺序。可分为四个基本步骤,具体内容如下。

（一）建立梯阶层次结构

确定决策目标，并对影响目标决策的各个因素进行分类，放在适当的层次内，建立一个具有递进关系的多层次结构：最高层——目标层，即解决问题的目的；中间层——准则层，即实现总目标而采取的各种措施、准则等；最低层——方案层，即用于解决问题的各种措施、方案等。

（二）构造成对判断矩阵

根据递阶层次结构，将同一层次中的第 i 个元素与第 j 个元素对于上一层次同一因素的相对重要性进行比较，使用 a，来描述相对权重（a_{ij} 一般用数字1—9及其倒数来赋值）。设共有 n 个元素参与比较，则称 $A=(a_{ij})_{n \times m}$ 为成对判断矩阵。

二、熵值法

"熵"（Entropy）是1850年德国物理学家鲁道夫·克劳修斯提出的热力学概念。在热力学中，"熵"用来度量物质系统中能量衰竭的程度以及分子的无序和混乱程度。一个热力学系统的熵值越大，表示系统的能量可利用的程度越低；熵值越小，表示能量可利用的程度越高。1948年，美国科学家申农将"熵"这一概念引入信息论，用来描述离散随机事件的出现概率。在信息论中，信息是信息有序程度的度量，信息熵是信息无序程度的度量，熵值的大小和系统的有序程度呈反相关。

在一个指标体系中，如果某一指标相对于其他指标的差异程度较小，说明该指标提供的信息有序程度较低，在评价体系中起到的作用也较小，对应的熵值就较大；相反，如果某一指标相对于其他指标的差异程度较大，说明该指标提供信息的有序程度较高，对应的熵值就较小。可以说，熵是系统不确定性的有效测度，熵值可反映指标体系中各个指标所蕴含的信息量。当熵值越小，该指标提供的信息量就越大，在综合评价中起到的作用越大，指标权重就越高，反之亦然。因此，应用熵值法计算出各个指标的权重，可得到较为客观的评价结果。

具体过程如下。

（一）对数据进行标准化处理

为统一各指标之间在内容、量纲以及取值优劣标准方面的差异，对数据进行标准化处理。

设原始数据矩阵为 R，标准化后的矩阵为 R'：$R'=(r'_{ij})_{m \times n}$。

（二）对标准化数据进行非负化处理

为了消除标准化数据中零的影响，熵值法取对数计算，对数据值进行坐标平移处理。

（三）计算熵和熵值

对于矩阵 R'，评价指标的信息熵计算如下：

$$E_j = -K \sum_{i=1}^{m} f_{ij} \cdot \ln f_{ij} \left(i = 1,2,\cdots,m ; j = 1,2,\cdots,n \right)$$

其中，$f_{ij} = \dfrac{r^n_{ij}}{\sum_{j=1}^{n} r^n_{ij}}$，表示对数据进行归一化，并假定，当 $f_{ij}=0$ 时，$f_{ij} \ln f_{ij}=0$。

（四）计算第 j 项指标的差异性系数

定义 d_j 为第 j 项属性下各个评价对象贡献度的一致性程度。$d_j = 1E_j$。

（五）计算第 j 项指标的权重

评价指标权重的计算公式为：

$$W_j = \frac{d_j}{\sum_{j=1}^{n} d_j}$$

其中，n 表示指标的个数。

三、基于"层次分析法—熵值法"组合权重的计算方法

层次分析法和熵值法各有利弊，互相补充。层次分析法主要考虑专家的先验知识，主观性较强，在赋值过程中可能出现随意性。熵值法依托客观数据，客观性较强，但缺乏实际经验指导。组合权重综合两种方法的优缺点，将层次分析法主观得到的权重与熵值法的客观权重相结合，使最终权重在满足客观实际同时兼顾主观经验。

取二者平均值作为指标最终的综合权重，设 W^*_j 为指标的最终权重，则第 j 个指标的组合权重为：$W^*_j = 0.5W_j + 0.5W^*_j, j = 1, 2, \cdots, 3$。

第五节 综合评价方法的选择

一、层次分析加权法

层次分析加权法是将评价目标分为若干层次和若干指标,依照不同权重进行综合评价的方法。根据分析系统中各因素之间的关系,确定层次结构,建立目标树图→建立两两比较的判断矩阵→确定相对权重→计算子目标权重→检验权重的一致性→计算各指标的组合权重→计算综合指数和排序。

该法通过建立目标树,可计算出合理的组合权重,最终得出综合指数,使评价直观可靠。采用三标度(-1,0,1)矩阵的方法对常规的层次分析加权法进行改进,通过相应两两指标的比较,建立比较矩阵,计算最优传递矩阵,确定一致矩阵(即判断矩阵)。该方法自然满足一致性要求,不需要进行一致性检验,与其他标度相比具有良好的判断传递性和标度值的合理性;其所需判断信息简单、直观,作出的判断精确,有利于决策者在两两比较判断中提高准确性。

二、相对差距和法

设有 m 项被评价对象,有 n 个评价指标,则评价对象的指标数据库为 $K_j=(K_{1j}, K_{2j}, \cdots, K_{nj})$,$j=1, 2, \cdots, m$。设最优数据为 $K_0=(K_1, K_2, \cdots K_n)$。最优单位 K_0 中各数据的确定如下:高优指标,取所有 m 个单位中该项评价指标最大者;低优指标,取所有 m 个单位中该项评价指标最小者。

该方法直观、易懂、计算简便,可以直接用原始数据进行计算,避免因其他运算而引起的信息损失,且考虑了各评价对象在全体评价对象中的位置,避免了各评价对象之间差距较小、不易排序的问题。

三、主成分分析法

该法是将多个指标化为少数几个综合指标,而保持原指标大量信息的一种统计方法。其计算步骤简述如下。

对原始数据进行标准化变换并求相关系数矩阵 $R_{m \times n}$→求出 R 的特征根 λ_i 及相应的标准正交化特征向量 a_i→计算特征根 λ_i 的信息贡献率,确定主成分的个数→将经过标准化后的样本指标值代入主成分,计算每个样本的主成分得分。

应用本法时,指标数越多,且各指标间相关程度越密切,即相应的主成分个数越少,本法越优越;对于定性指标,应先进行定量化;当指标数较少时,可适当增加主成分个数,以提高分析精度。采用主成分分析法进行综合评价有全面性、可比性、合理性、可行性等优点,但也存在一些问题:如果对多个主成分进行加权综合,会降低评价函数区分的有效度,且该方法易受指标间的信息重叠的影响。

潘石柱等提出一种将 GHA(generalized hebbian algorithm)学习规则应用到核主成分分析中的新方法,它结合了核主成分分析和 GHA 学习规则的优点,既利用了核主成分分析的方法方便地提取数据的非线性特征,又避免了在大样本数据的情况下运算复杂和所需存储空间大的问题。

四、TOPSIS 法

该法是基于归一化后的原始数据矩阵,找出有限方案中的最优方案和最劣方案,然后获得某一方案与最优方案和最劣方案间的距离(用差的平方和的平方根值表示),从而得出该方案与最优方案的接近程度,并以此作为评价各方案优劣的依据。其具体方法和步骤如下。

评价指标的确定→将指标进行同趋势变换,建立矩阵→归一化后的数据矩阵→确定最优值和最劣值,构成最优值和最劣值向量→计算各评价单元指标与最优值的相对接近程度→排序。

指标进行同趋势的变换的方法:根据专业知识,使各指标转化为"高优",转化方法有倒数法(多用于绝对数指标)和差值法(多用于相对数指标)。但是这两种方法的权重受迭代法的影响,同时由于其对中性指标的转化尚无确定的方法,致使综合评价的最终结果不是很准确。

侯志东等提出的基于 Hausdauff 度量的模糊 TOPSIS 方法,首先通过模糊极大集和模糊极小集来确定模糊多属性决策问题的理想解与负理想解,再由 Hausdauff 度量获得不同备选方案到理想解与负理想解的距离及其贴近度,根据贴近度指标对方案进行优劣排序。该方法思路清晰,计算简单,操作比较容易。

刘继斌等在 TOPSIS 法中引入指标权重,用属性 AHM 赋权法求指标权重,再用 TOPSIS 法进行综合评价。结果显示基于属性 AHM 的 TOPSIS 综合评价既考虑了参评指标的重要性,又体现了 TOPSIS 法能充分利用数据资料的优点,原理简明,结果准确,使用方便。

五、RSR值综合评价法（秩和比法）

把各指标值排序（排"秩"R），仅以"秩"R来计算。当指标"高优"时，按"升序"排序，最小值为1，即R值最高者最优；当指标"低优"时，按"降序"排序，最大值为1，即R值最低者最优。当各指标的"秩"相加时，累加和最大者则最优。

该方法以实际资料作为计算基础，较为客观，在算法上，该方法是将原始数据转化为序值，虽计算简单，但未充分利用资料的原始信息。

六、人工神经网络

人工神经网络是以权重描述变量与目标之间特殊的非线性关系模型。对事物的判断、分析必须经过学习或训练的过程，类似于人脑认识一个新事物必须有学习过程，人工神经网络也需要通过一定的算法进行训练，将反馈传播（BP）算法引入神经网络中，从而实现多层神经网络的设想。与传统的计算机方法相比，人工神经网络具有大规模信息处理、分布式联想存储、自适应学习及自组织的特点；作为一个高度的非线性动态处理系统，既可处理线性问题，又可处理非线性问题，且具有很强的容错能力。在求解问题时，其对实际问题的结构没有要求，不必对变量之间的关系作出任何假设，只需利用在学习阶段所获得的知识（分布式存储于网络的内部），对输入因子进行处理，就可得到结果。这种处理方式更符合客观实际，因而得到的结果可靠性更大。

七、蒙特卡罗模拟综合评价法

该法利用蒙特卡罗模拟技术将原序数关系的目标属性转化为一系列的目标属性向量。对于每一权重向量，利用加权法对方案（评价对象）进行排序，得到一系列排序向量，再统计每个方案排在各个排序位次上的次数，进而求出相应比例。

一般步骤如下：根据各指标属性，进行数据生成（生成的数据应满足无量纲化、标准化和测度统一化的要求）→产生随机重向量→计算加权值→排序向量。

八、模糊综合评判法

模糊综合评判法是一种应用模糊关系合成的特性，从多个指标对被评价事物隶属等级状况进行综合性评判的方法，它对被评价事物的变化区间作出划分,又对事物属于各个等级的程度作出分析,使得描述更加深入和客观。

一般步骤如下:确定评价事物的因素论域→选定评语等级论域→建立模糊关系矩阵→确定评价因素权向量→选择合成算子→得到模糊评判结果向量→进一步分析处理。

该法具有数学模型简单、容易掌握、对多因素多层次的复杂问题评判效果比较好等优点。在实际应用中,采用模糊综合评判法往往能够得到全面和合理的评判结果。

九、密切值法

密切值法是多目标决策中的一种优选方法,它将评价指标区分为正向指标和负向指标,并结合在一起考虑,所有指标进行同向化处理,然后找出各评价指标的"最优点"和"最劣点",分别计算各评价单元与"最优点"和"最劣点"的距离(即密切程度),将这些距离转化为能综合反映各样本质量优劣的综合指标——密切值,最后根据密切值大小确定各评价单元的优劣顺序。

该法逻辑严谨、计算简便,可用于同一时间各指标的横向评价,也可用于同一指标不同时间的纵向评价。多指标把正向指标和负向指标结合起来考虑,提高了分析效能,同时引用自身内部指标作参比,使评判结果更为全面、合理。另外,该法较好地将多指标中相互冲突的项目结合在一起。由于该法缺乏对评价指标进行权重估计,因而其评价结果客观性不高。

第四章 经济发展视角下我国不同区域高校科研绩效评价研究

第一节 概念界定及理论基础

一、概念界定

该研究主要有"区域""科研绩效评价""数据包络分析法"三个核心概念。

（一）区域

国内生产总值（GDP）是国家或区域当期生产、支出、收入及支出之间关系的有效统计工具。人均国内生产总值简称人均GDP，是经济学中衡量经济发展状况的重要指标。相对于GDP指标，人均GDP能够更好反映一个国家的发展水平、社会平等和经济情况。

按照世界银行的国别收入分类标准，可将全世界经济体共分为四个组别，根据人均收入的由高到低分别为高收入国家、中等偏上收入国家、中等偏下收入国家及低收入国家。由世界银行2022年的数据可知，高收入国家为人均收入高于13 205美元；中等偏上收入国家人均收入为4 256～13 205美元；中等偏下收入国家人均收入为1 086～4 255美元；低收入国家人均收入低于1 085美元。为深入探究经济发展对于高校科研绩效的影响，按照经济发达程度，将我国划分为不同区域，使各地区高校的外部因素和环境条件尽量相近。

（二）科研绩效评价

绩效是业绩和效率的综合体现。管理学中绩效包括个人绩效和组织绩效，但二者的共同目标都是在一定的环境、资源、条件下考察个人或组织对于任务的完成情况。科学研究的本质是创造与创新。科学管理是公共管理的一门基础学科,科学研究绩效评价(简称科研绩效评价)是科学研究管理工作的重要手段。尽管科研绩效难以量化,但综合以往对于科研绩效评价的研究,可归纳为科研投入与产出之间的效率高低及价值鉴定。

高校科研绩效评价方法主要包括定量研究法、定性研究法和定量定性相结合方法。定量研究法包括文献计量法、主成分分析法和层次分析法;定性研究法包括同行评议法、360绩效评价法和德尔菲法;定性定量相结合方法包括数据包络分析法、人工神经网络法、灰色系统决策方法和模糊综合评价法。在研究时选取适宜的研究方法可以更好地将研究成果转化到实践中。联系到笔者研究的高校科研绩效评价为输入输出多指标类型,因此,笔者主要应用DEA静态模型和Malmquist动态指数方法对高校科研绩效作出判断。

(三)数据包络分析法

数据包络分析法(data envelopment analysis,DEA)是一种以相对效率为基础,以线性规划为技术依据,对具有多个投入与产出研究对象的相对有效性进行评价的非参数检验方法。这一方法相对利润指标组合和经营比率更值得被信赖。高校作为非营利组织,其作用更多体现在社会服务、社会沟通方面。所以通过一般的利润函数评价科研绩效的方式不完全适用于高校,应选择数据包络分析法进行论证。其基本模型DEA-BCC和DEA-CCR模型可以对每个决策单元的纯技术效率、规模效率和整体效率的有效性全方位判断。

DEA法是评价绩效的重要工具,在交通运输、经济金融、教育、农业、环境、医疗等众多领域均有应用。交通运输方面,匡海波建立的DEA-CCR模型弥补了现有文献对于上市公司港口运输方面指标体系的不足。经济金融方面,赵树宽等通过DEA测算方法发现吉林省高技术企业创新效率偏低的主要原因是科技活动经费和科技活动人员的投入过少。教育方面,李勇军和江莹利用平行DEA模型对不同省份2012—2018年小学资源配置进行衡量,认为小学教育是教育阶段的重要组成部分,结论表明大部分省份的总体效率值未达到有效边界。

DEA法也存在一定的矛盾性和局限性。首先,DEA法对异常值较为敏感,评价结果比较依赖投入产出的数据,由于统计数据来源困难、测量误差不可控,以及选取过程中人为因素等原因,研究结果的获取具有主观性,造成评价结果可能会存在较大的差异。因此指标体系的选取构建需要慎重考虑。其次,该方法产出的数据的宏观意义大于现实意义。对于效率低下的决策单元,系统容错率较低,会对研究结果造成较大影响。事实上,很多数据都是无法量化的,如高校科研成果的转化率、高校对于人才建设的推动等,这些数据也应纳入考量范围。尽管如此,DEA法仍因无须提前设定投入产出权重、敏感性、包容性较高等优势而得到越来越多学者的认可和使用。

二、理论基础

笔者应用投入产出理论、绩效管理理论和效率理论三大理论作为以下分析的理论基础。

(一)投入产出理论

投入产出理论的创始人是美国经济学家、1973年诺贝尔经济学奖获得者华西里·列昂惕夫(Wassily Leontief)。这一理论系统分析了经济系统中投入与产出的关系,运用量化标准对各经济活动相互作用关系进行研究。投入产出理论中,投入是指社会经济生产活动过程中各种生产要素的消费来源,产出是指生产成果按使用方向分配到不同领域。投入产出表是投入表和产出表交叉而成的棋盘式分析表,反映生产消费过程中的商品价值和使用分配情况。

投入产出理论作为经济学、统计学和数值分析学相结合的理论,在《投入产出经济学》一书中指出的数量分析方法被世界各国广泛采用。早期投入产出模型为静态模型,后期投入产出技术与数量经济方法融合,模型由静态扩展为动态。伴随投入产出数学模型应用领域逐步扩大,其被广泛应用于管理控制、风险预测、计划论证、货币经济。在基于这一经济理论对高校科研绩效研究分析时,构建指标体系应选取投入产出量化指标,并进行科学论证。

(二)绩效管理理论

20世纪70年代,美国管理学家奥布里·丹尼尔斯(Aubrey Daniels)提出"绩效管理"的概念。绩效管理是一种企业管理者与员工之间就目标个体及如何实现目标达成共识的激励管理方法。绩效管理的目的在于形成绩效文化,提升决策效率。绩效文化是基于企业长远发展方向和愿景,建立和完善公司战略目标、人力资源、财务管理、团队建设、绩效评价、考核体系,逐步形成企业倡导的共同价值观和追求高绩效为核心的优秀企业文化。

绩效是在对应职位完成工作任务时可评价的行为表现和达到岗位工作职

责的阶段性结果。员工技能、外部环境、内部条件、激励效应是影响绩效的四因素。其中员工技能、外部环境、内部条件是影响绩效主体的客观因素。员工素质对于团队指标达成具有直接影响,可以通过企业培训和筛选提升员工核心竞争力;外部环境是单位、组织、个人面临的不受绩效主体控制的如风险、政策等客观因素;内部条件可以理解为一种资源,一种通过外部环境给予的各种机会及内部员工技能不断提高获取的一种共赢局面;激励效应是一种能动性的主观因素,企业践行高绩效文化价值观,追求卓越绩效时,员工通过绩效主体的激励机制和自发性、主动性达成共同目标。由此可见,实施绩效管理对于企业自身情况意义深远。

绩效管理包含的信息量庞大,目前很多问题可以通过绩效管理理论解决。对于笔者研究的科研绩效评价而言,可利用绩效管理体系提高科研投入产出的效率,这对高等教育平稳发展具有重大的应用价值和实践意义。

(三)效率理论

效率是指单位时间内完成的工作量,当投入小于产出时,为正效率,反之为负效率。效率最优是投入一定时实现产出最大,或在产出一定时投入最小。效率理论最早源于意大利社会学家维尔弗雷多·帕累托(Vilfredo Pareto)。他在收入分配和个人经济的研究中提出了帕累托最优(Pareto Optimality),即假设一群人分配同一资源,在没有使任何人境况变坏的前提下,至少保障有一人变得更好。

资源是从事生产的物质基础,资源转化形式为成果产出,在研究资源的可再生利用时,需注重避免资源浪费、提升效率。高等院校科研绩效评价,实质上是探究科研效率高低的过程。高校科研效率可分为技术效率、规模效率。技术效率是科技提高带来的产出成效。从投入角度来看,技术效率是在相同产出下决策单元最小可能性投入与实际投入的比率;从产出角度来看,技术效率是在相同投入下决策单元实际产出与最大产出的比率。规模效率是投入要素按一定比例变动时收益变动的状态。规模效率分为规模有效和规模无效。

规模收益不变表示规模有效;规模无效包括规模递增和规模递减,递增时增加投入、扩大产出,递减时减少投入、提高资源使用率。

第二节 效率模型构建及指标体系选取

一、我国不同区域高校科研绩效评价DEA模型构建

DEA法是通过运筹学中的线性规划模型及经济学中的边界生产函数,对目标决策单元的效率进行研究改进和相对有效性进行分析的一种效率评价方法。DEA模型反映一种投入成本最小化和产出收益最大化的最优状态。目前广泛应用于解决多输入、多输出的目标决策问题。如果统计回归得出的结果表现在实际生产前沿面上,表示决策效率为1;反之,当效率值小于1时,函数相对无效。

(一)CCR模型构建

目前应用DEA法对高校科研绩效进行评价的大部分文献采用的是DEA经典模型。在DEA经典模型包含的四个模型中,假设规模收益递增的ST模型和假设规模收益递减的FG模型文献使用率较低,受限因素较多,这里不再详尽说明,仅详细阐述CCR和BCC两种模型。

CCR模型是A. Charnes、W. W. Cooper和E. Rhodes在1978年创新性地将Farrell单输入、单输出测度方法拓展为多输入多输出的有效性评价方法,并构建技术效率与规模效率共同评价的综合技术模型。CCR模型的主要思路为:假设决策单元处于规模报酬不变时,其模型内有n个决策单元,即DMU_j(j=1,2,...,n),每一个决策单元分别有m种类型的输入和p种类型的输出。其中输入记为x_{ij}(i=1,2,...,m),输入权重表示为λ_i(i=1,2,...,m),输出记为y_{kj}(k=1,2,...,p),输出权重表示为μ_k=(k=1,2,...,p)。DMU_j效率评价指数h,的公式表示为:

$$h_j = \frac{\sum\limits_{k=1}^{p} \mu_k y_{kj}}{\sum\limits_{i=1}^{m} \lambda_i x_{ij}} \quad (j = 1,2,\cdots,n)$$

h_j 表示综合产出效率的经济效益水平。为评价决策单元是否处于最优状态，对 h_j 设置约束条件，即 h_j 的取值在 0 和 1 之间。h_{j0} 的取值越大，表明 DMU_{j0} 的效率值越高，反之则越低。由此建立 CCR 模型：

$$\max h_{j0} = \frac{\mu y_{j0}^{\mathrm{T}}}{\lambda x_{j0}^{\mathrm{T}}}$$

$$\text{s.t.} \begin{cases} \sum\limits_{k=1}^{p} \mu_k y_{kj} \\ \sum\limits_{i=1}^{m} \lambda_i x_{ij} \\ \lambda_i \geqslant 0, \mu_k \geqslant 0 \end{cases}$$

将上述模型经过 Charnes-Cooper 思想变换，可以得到一般线性规划模型，公式变化为：

$$\max h_{j0} = \mu y_{j0}^{\mathrm{T}}$$

$$\text{s.t.} \begin{cases} \lambda x_j^{\mathrm{T}} - \mu y_j^{\mathrm{T}} \geqslant 0 \\ \lambda x_{j0}^{\mathrm{T}} = 1 \\ \lambda^{\mathrm{T}} \geqslant 0, \mu^{\mathrm{T}} \geqslant 0 \end{cases}$$

为方便研究，将上述一般线性规划模型经对偶处理，引入投入与产出松弛变量 s^+、s^- 后得到上述公式的对偶公式：

$$\min\theta = \theta^*$$

$$\text{s.t.} \begin{cases} \sum\limits_{j=1}^{n} \lambda_j x_j + s^+ \leqslant \theta x_{j0} \\ \sum\limits_{j=1}^{n} \lambda_j y_j - s^- \geqslant y x_{j0} \\ \lambda_i \geqslant 0 \\ \theta \text{无约束} \end{cases}$$

其中，s^+ 表示投入变量，s^- 表示产出变量，θ^* 表示最优解。通过这一模型可以判断决策单元是否有效。当 $\theta=1$ 且 s^+、s^- 都等于 0 时，表明决策单元强 DEA 有效；当 $\theta=1$ 且 s^+ 或 s^- 不等于 0 时，表明决策单元弱 DEA 有效；当 $\theta<1$ 时，决策单元 DEA 无效。

（二）BCC模型构建

1984年，Banker等人考虑到社会经济活动大多数的发生条件为规模报酬改变，提出将CCR模型扩展为纯技术效率模型BCC模型，并在设定时增加假设条件$\sum\lambda_i$，BCC模型主要思路为：假设DMU处于变动规模报酬，由于需要判断投入比例与产出比例的关系，在评估过程中将规模效益因素剔除。因此这里采用DEA-BCC模型。对偶模型设定如下：

$$\min\theta = \theta^*$$

$$\text{s.t.}\begin{cases} \sum\limits_{j=1}^{n}\lambda_j x_j + s^- \leqslant \theta x_{j0} \\ \sum\limits_{j=1}^{n}\lambda_j y_j - s^- \geqslant y x_{j0} \\ \lambda_i \geqslant 0 \\ \sum\limits_{j=1}^{n}\lambda_j = 1 \\ \theta\text{无约束} \end{cases}$$

其中，BCC模型的最优解为θ^*，可以判别DMU是否有效及DEA有效的强弱性。

（三）DEA-Malmquist指数模型

荷兰经济学家丁伯根（J. Tinbergen）创立了丁伯根法则，并在1942年首次提出全要素生产率这一概念。全要素生产率是生产要素在一定时期内活动产生的效率，生产要素不包括资本和劳动力两个因素。1951年美国经济学家肯德里克（J.W. Kendrick）将全要素生产率定义为实际要素的全部产出量与全部要素投入量的比值。1954年希朗·戴维斯（Sheeran Davis）在《生产率核算》中明确全要素生产率概念。

全要素生产率属于定性分析方法，包括参数方法和非参数方法。参数方法由美国著名经济学家罗伯特·索洛（Robert Merton Solow）提出，他将技术进步因素纳入经济增长模型。非参数方法主要指数据包络分析法，1953年瑞典经济学家Sten Malmquist提出Malmquist指数法。1982年，Caves等人将其范围扩展到测算决策单元前后期生产率的变化。1994年，Rolf Fare等人将这一理论的非参数线性规划法与数据包络分析法结合，DEA-Malmquist指数法从此被广泛应用于生产效率的测算。

二、我国不同区域高校科研绩效评价指标体系构建

（一）科研绩效评价指标体系构建原则

在探究我国不同区域高校科研绩效评价时选取的指标应遵循指标体系构建的原则。构建原则包括以下四个方面。

系统性与科学性相统一的原则。由于评价对象本身具有高度重要性和复杂性，因此在进行绩效评价时应遵循系统性原则，兼顾系统内部和外部的整体性和差异性，将评价结果进行适当估计后做出全面考评。科学性原则是指科学理论依据能够支撑构建一个更加符合客观规律和现实要求的评价指标体系。因此，基于系统性与科学性相统一的原则，我国不同区域高校科研绩效评价结果会更加真实有效。

可靠性与预见性相统一的原则。在考察研究对象的科研绩效评价过程中，时间因素决定了评价指标是否具有连贯性和相关性。因此，评价指标的选取范畴必须具备一定的可靠性与稳定性。此外，在总结学者研究成果的基础上，应对未来加以预测及展望。评价过程更应侧重于科研绩效的前瞻预见性，应具有导向和指引作用。可靠性与预见性相统一的原则对于我国不同区域高校科研绩效评价具有重要的指导价值。

目标性与可行性相统一的原则。目标性原则是指在评价过程中由于不同区域高校科研现状具有矛盾性和复杂性的特点，因此在提高高校科研效率、促进高校科技进步的基础上，应进一步创造更有价值的科研成果。可行性原则是指在构建评价指标体系时，探索一条符合现实条件、具备可实现性的科技路径。在评价过程中切勿无限拔高评价标准和评价要求，背离实际。目标性与可行性相统一的原则有助于研究我国不同区域高校科研绩效评价时把握正确方向。

整体性与独立性相统一的原则。除遵循上述三个基本原则，整体性和独立性相统一原则也必须考虑。首先，科研绩效评价指标体系要满足整体性的原则，将科研绩效评价的决策单元进行横向或纵向对比评价时，建立一个统一的分析框架，这时分析才能使评价结果体现出一定的规律性。其次，评价指标框架内部同一层次的评价指标必须具备一定的独立性。整体性与独立性相统一的原则既消除了不同指标间的严重分化性，又排除了相关度较高的评价指标带来的差异性。

（二）科研投入指标筛选

近年来,高校科研资源的投入日益丰富,主要包括人力资源、财力资源、物力资源、信息资源四个方面。物力资源是指在科研过程中所需的仪器设备、工具、原材料等,但由于不同学校、不同学科、不同实验室具备独立性,难以整合形成一个统一的标准,不好量化,予以舍弃。同时信息资源(如文字、文件、图表)难以通过确定的衡量指标计量,也无法形成统一的标准,因此不符合绩效评价指标体系构建的可靠性原则,也将其忽略不计。此外,除了人力资源和财力资源两个指标,笔者通过阅读与高校科研绩效相关的文献发现,多数研究还将科研课题这一测度指标纳入投入指标的范畴。综合多方面因素考虑,笔者决定通过三个维度,即人力资源、财力资源和科研课题作为探究我国不同区域高校科研绩效评价的投入指标。

人力资源投入指标:高校人力资源是指在一定时期内高校这一经营团体内部人员对价值创造起贡献作用的能力。内部人员包括教学与科研人员、研究与发展人员、研究与发展全时人员。

财力资源投入指标:高校财力资源是指在经营过程中由国家财政支持拥有的资本以及社会或机构个人筹集形成的资产,主要指科研经费。据统计,目前政府资金投入是高校科研经费来源的重要组成部分。基本支出与项目支出相结合的财政支出模式在维持高校正常运转的同时也实现了高校健康可持续发展。

科研课题投入指标:高校课题是指高校的科研任务。科研任务主要分为纵向课题和横向课题两类。纵向课题是指政府布置的定向科研任务;横向课题为各组织单位自行提出的研究任务。科研课题包括课题总数、科技课题当年投入人数、科技课题当年拨入经费三大类别。

若投入指标选取全部九个三级指标,则数量过多,不利于之后的实证研究。因此将指标通过SPSS软件进行筛选,选择相关度最高的指标作为代表性指标。

（三）科研产出指标筛选

高校科研产出是指高校在进行科研活动后产出的具有学术意义或实用价值的成果,分为直接产出和间接产出。直接产出是指知识性产出,主要通过国外检索工具收录的论文数量及国内三种专利受理件数衡量。间接产出是指科技成果转化应用带来社会意识形态的转变,但意识形态变化难以用指标去度量,所以目前衡量科研水平高低主要依据直接产出。

1. 学术专著产出指标

以往绩效评价指标体系的构建过程中,学术专著是评价科研产出高低的常见方式之一。学术专著是国内外学者对于某一领域专项研究撰写的著作一般字数在4万~5万字。通常情况下,专著产出通过数量指标专著部数和专著字数衡量。

2. 学术论文产出指标

与专著相同,学术论文也是评价科研产出高低的重要方式之一。学术论文是描述研究成果的一种工具,也是同一领域研究交流的一种手段。学术论文分为国内学术刊物发表论文和国外学术刊物发表论文。学术论文的质量高低可以通过论文出处以及论文被引用率予以衡量。收录结果本身反映期刊的层次和水平的高低。在国际范围内,国外高质量论文收录大多来源于《科学引文索引》(简称SCI),SCI反映科学前沿最新研究动向。国内也效仿此类方法,公布一系列国内核心期刊,如《中国科学引文数据库》(简称CSCD)。此外,论文篇尾处的参考文献会标注著者姓名及著者出处,被引频率越高,代表该论文对这一科学领域发展的影响贡献越大。

3. 专利产出指标

专利分为发明专利、实用新型专利、外观设计专利三种不同类型,不同类型的专利定义不同。发明是技术领域中对产品和方法不断进行创造性改进的技术方案,实用新型专利和外观设计专利创造性和经济技术效益比发明专利略低。发明专利数可以在一定程度上衡量一个国家或地区的技术发展方向,符合本文对不同地域科研绩效的探究。专利产出的最终体现是技术转让,故本文采用技术转让签订合同数作为专利产出指标。

4. 科技成果授奖产出指标

科技成果鉴定是衡量科研质量水平的表现方法之一。成果奖励指标主要包括国家级奖项数、鉴定成果数和成果授奖数,考虑到国家级奖项较难获得,以及分类不同鉴定成果又具有一定的局限性,综合多方面因素,结合目标性与可行性相统一的原则,本文选取成果授奖数作为科技成果产出的指标。

5. 科技成果转化产出指标

科技成果转化是科学理论研究与技术开发的实际价值相结合的活动。当前，我国科技成果转化率偏低。因此，提升科研成果转化率是提高我国科研产出水平的一项重要举措。基于评价体系的预见性原则，在构建绩效评价指标体系时着重考虑成果转化指标，本文选取技术转让当年实际收入作为科技成果转化产出的指标。

通过 Pearson 相关性分析，专著数量与专著字数指标之间的相关系数大于0.9，所以两者只选择一项，经权衡，笔者选择专著数量作为学术专著产出指标。另外，国外及全国性刊物发表篇数指标相对较底，所以学术论文指标选取国外及全国性刊物发表总篇数作为学术论文产出指标。

（四）科研投入产出指标确定

笔者通过指标的构建原则和 SPSS 软件投入产出指标的筛选，最终构建了绩效评价指标体系。其中投入指标包含研究与发展人员、科研经费内部支出、科研课题总数三个类别；产出指标包含专著数量、国外及全国性刊物发表篇数、技术转让签订合同数、成果授奖加和数、技术转让当年实际收入五个类别。

由于投入与产出指标之间必须遵循同向性原则，因此对选取的三项投入指标和五项产出指标进行相关性检验，确保指标体系构建的约束性条件。

第三节　我国不同区域高校科研效率实证研究

一、数据来源和样本选择

（一）数据来源

考虑数据来源可靠性这一关键导向，数据来源于中华人民共和国教育部科学技术司编制的《高等学校科技统计资料汇编》（简称《汇编》）。该《汇编》能够全面反映我国科技活动的整体情况，对未来高校参与创新体系建设、高校承担专项科技计划、高校科技平台发展、高校产学研结合都具有深刻意义。该统计年鉴收录了全国各省、自治区、直辖市的科技统计数据，是目前研究我国高校科研绩效最权威的数据来源。

截取 2016—2020 年近 5 年《汇编》数据，由于每年的《汇编》为上一年有关科技活动的数据，所以实际研究的结果为 2015—2019 年的投入产出情况。

(二)样本选择

为保障样本选择的准确无误,取样应遵循以下四个基本要求:第一,明确规定总体,从内涵和外延两方面确定总体的界限;第二,满足抽样的等可能性和随机性,保证被抽取到的个体之间相互独立;第三,取样的结果能代表总体,样本研究结果能够由部分推断整体;第四,合理确定样本的数量,使误差降低到可控的最小范度。基于上述要求,选取我国31个省、自治区、直辖市作为高校科研绩效的评价对象,考虑数据的可获得性,样本不包含港澳台地区。

将样本通过人均GDP指标将我国经济区域划分为三大类别。其中,第Ⅰ类为经济发达地区,共包含七个决策单元(北京、上海、天津、江苏、浙江、福建、广东);第Ⅱ类为一般发展中地区,包含十七个决策单元(山东、内蒙古、湖北、重庆、陕西、辽宁、吉林、宁夏、湖南、海南、河南、新疆、四川、河北、安徽、青海、江西);第Ⅲ类为欠发达地区,包含七个决策单元(山西、西藏、黑龙江、广西、贵州、云南、甘肃)。以上三类决策单元合计构成了DEA模型的全部单元。

(三)基于DEA-BCC模型对不同区域高校科研绩效静态分析

通过收集到的面板数据,利用绩效评价测算软件deap2.1,采用投入导向可变规模报酬对我国31个省、自治区、直辖市科研投入产出数据进行测算,测评出2015—2019年我国不同区域高校的科研效率情况。

1. 技术效率分析

静态化分析基于综合效率(TE)和纯技术效率(PTE)两个角度分析。高校技术效率是指高校科研管理能否发挥最大的经济和社会效益。纯技术效率是指在高校科研活动中能够体现决策单元最大产出和最小投入的管理与技术。首先整体分析我国31个省、自治区、直辖市高校科研活动,再对比分析不同经济地区(第Ⅰ类地区、第Ⅱ类地区、第Ⅲ类地区)的科研情况。

从对比分析角度看,通过三类经济地区划分,第Ⅰ类地区、第Ⅱ类地区、第Ⅲ类地区近五年综合技术效率的平均值分别为0.881、0.928、0.898。第Ⅱ类地区综合技术效率值最高,第Ⅰ类地区综合技术效率值最低。此外,第Ⅰ类地区、第Ⅱ类地区、第Ⅲ类地区近五年纯技术效率的平均值分别为0.902、0.946、0.925。与综合技术效率相同,纯技术效率也是第Ⅱ类地区最高,第Ⅰ类地区最低。

综上所述,通过近五年数据整体及对比分析发现,从总体看,决策单元有效的地区多数为一般发展中地区和欠发达地区,研究结果表明经济发达地区存在资源拥挤过剩、分配不合理等现象。从个体看,安徽、广东、广西、福建这四个地区整体技术效率近五年一直位于所有决策单元的后几位,需及时关注并重点考核,发掘其内部原因,同时找寻一条有效的解决路径。其中,虽然福建、广东的人均GDP分列排行榜的第五位和第六位,但科研效率与其经济发展不成正比,排名倒数,这两个地区应该加强科研管理,避免与经济发展相脱节。

2. 规模效益分析

高校规模效率(SE)是指高校产业结构通过优化配置对产出发生作用的大小,即增加投入时,产出增加比例大于投入增加的比例。主要通过规模效率和收益两个维度衡量31个省、自治区、直辖市的高校科研效率。

从规模收益角度看,2015—2019年,规模收益递减的高校数量从2015年4个增长至2019年11个;规模收益不变的高校数量显著下降,由2015年23个下降至13个;规模收益递增的高校数量呈现上升趋势。当科研投入量按照一定比例变化时,对于天津、宁夏、海南等地区的递增高校,应增大投入,扩大投入规模,会获得更多的产出和效益;对于规模不变如重庆、河南、湖北等地区的高校,应保持投入与产出的关系,稳定于最优状态;对于属于递减地区(如湖南、广东、四川)的高校,投入增长速率高于产出增长速率,应考虑减少投入,进一步合理优化资源配置。

3. 时间维度分析

TE=1的高校数量5年内平均在15所左右,占比约48%;PTE=1的高校数量5年内平均在18所左右,占比约58%;SE=1的高校数量5年内平均在16所左右,占比约52%。实证分析表明,纯技术效率最优地区多于规模效率最优地区多于综合技术效率最优地区。但规模效率的平均值大于纯技术效率的平均值,表明不同地区的纯技术效率参差不齐,发达地区的溢出现象和欠发达地区的落后导致了资源浪费和资源分配不均的情况。应牢牢抓住技术管理这一因素,从源头出发,不断提高并完善我国不同区域高校科研的投入与产出。

(四)基于Malmquist指数对不同区域高校科研绩效动态分析

利用DEA-BCC模型静态分析后,为获得更具体和全面的分析数据和研究结果,再将2015—2019年我国不同区域高校的面板数据通过Malmquist指数法进行动态分析,通过deap2.1软件分别计算出我国31个省、自治区、直辖市的生产指数以及2015—2019年平均每年Malmquist指数及分解情况。

1. 总体效率分析

动态分析基于技术效率指数和技术进步指数两个角度分析。在全要素生产率大于1的8个地区中，第Ⅰ类地区包含5个，第Ⅱ类地区包含3个，第Ⅲ类地区无。故可知全要素生产率的增长主要集中在第Ⅰ类地区。其中，上海、天津、江苏、新疆4个地区的全要素生产率增长主要取决于技术进步因素。浙江、广东、四川、青海4个地区的全要素生产率的增长取决于技术效率因素。在全要素生产率小于1的22个地区中，第Ⅰ类地区占2个，第Ⅱ类地区占13个，第Ⅲ类地区占7个。由此可知全要素生产率的降低主要集中在第Ⅱ类、第Ⅲ类地区。其中，北京、安徽2个地区全要素的下降取决于技术效率因素。福建、山东、陕西、辽宁、宁夏、海南、河北、江西、西藏、广西、贵州、云南、甘肃13个地区的全要素的下降取决于技术效率因素和技术进步要素。内蒙古、湖北、吉林、湖南、河南、山西、黑龙江这7个地区的全要素下降取决于技术进步要素。

综上所述，三类地区的全要素生产率均呈现一定的下降趋势，其中技术效率变动指数为0.980，说明大多数高校的技术效率和规模效率存在一定的不足。

2. 发展动态分析

从发展动态角度看，技术效率变化指数对于科研绩效评价至关重要。由分析结果可知，纯技术效率2015—2018年不断下降，虽在2018—2019年下降的幅度有所降低，科研投入与产出略有好转，但由于规模效率在2018—2019年下降幅度较大，因此技术效率变化在2017—2018年和2018—2019年的指数保持不变。第Ⅰ类地区技术效率为0.986，第Ⅱ类地区技术效率为0.989，第Ⅲ类地区技术效率为0.960，第Ⅲ类地区技术效率明显落后于第Ⅰ类地区和第Ⅱ类地区。这表明欠发达地区的科研绩效目前相对于发达地区来说存在一定的欠缺，应在落实经济发展的基础上提升科研效率。

同时，技术进步指数也是科研绩效评价的重要判断指标。由分析结果可知，技术进步指数在2015—2017年略有上升，2017—2019年持续下降，呈现先上升后下降的波动趋势。2015—2017年全要素生产率提高是因为技术进步要素的提升；2017—2019年全要素生产率下降的原因是技术进步要素和技术效率要素的共同下降。我国不同区域高校2015—2019年的技术进步效率综合平均值为0.975，其中第Ⅰ类地区技术效率为0.998，第Ⅱ类地区技术效率为0.974，第Ⅲ类地区技术效率为0.955。第Ⅰ类地区大于第Ⅱ类地区大于第Ⅲ类地区。说明相对于欠发达地区而言,经济发达地区仍具备一定的科研创新优势。

二、不同区域高校科研绩效提高的对策

(一)加强各区域高校协同合作,加快科研成果转化

经济发达地区相较于欠发达地区,拥有更丰厚的教育资源,政府应当统筹规划,加强各地区的合作关系,鼓励跨区域院校之间相互交流、相互促进、相互提高。针对长期处于规模报酬递增阶段的高校,应加大投入力度,重点扶持,使其达到投入与产出的平衡状态。反之,对于长期处于规模报酬递减阶段的高校,应减少资金投入量,全面提高科研效率。从学校隶属看,教育部直属院校是成果产出的中坚力量,应加强其与地方院校之间的合作;对于一些经济发达地区的高校,应提高成果转化率及社会应用的程度,避免资源浪费现象。当前高校的部分科研成果不适用于现代经济的发展,不能满足社会需求,造成资源和时间的浪费,降低了科研人员的积极性。高校科研人员应当重视科研成果产出,提高科研成果的转化率,为市场经济带来活力。例如,浙江大学以点带面,建立科研成果转化委员会,统筹科技活动的同时,也实现了区域的技术创新。

(二)发挥各区域高校自身优势,注重人才培养

从地域看,三类地区的经济差异性较大。经济发达地区的高等院校应当把握机遇,发挥优势,使自身的长板更长,进一步培养优秀人才,吸引后备人才加入,为我国科研事业贡献力量。对于其他区域的高等院校,应落实稳扎稳打的战略目标,补全短板,提高自身的科研绩效水平,提升创造力。目前很多高校为提升国内国际的排名,只重视科研数量,而忽视科研质量,注重人才引进,而忽视人才培养,注重产品引用,却依赖于国外高新技术。这就导致对于科研人员的管理和绩效评价不够重视,对于核心技术的把控受人牵制。高校应在深化改革的同时不断激发科研主体的活力,提升科研绩效。

(三)各区域建立统一指标体系,推进绩效评价科学发展

绩效评价指标选取对于高校科研投入产出的结果判断具有重要的指导作用。如果指标体系在建立的过程中不够科学,就会造成研究过程中的资源浪费,还会让错误的研究结果误导这一领域未来的发展。一个科学合理的指标

体系十分关键,我国可以在借鉴国际优秀指标体系的基础上,结合我国实际国情建立统一的指标平台和系统,保障高校的指标横向可比,确保所有高校能够得到公平监督。定期、随机对科研人员进行监督和管理,设置弹性奖惩制度,确保评价体系得到有效执行。

第四节 基于 Tobit 模型对
高校科研绩效影响因素研究

根据 DEA 模型和 Malmquist 指数法分别进行静态分析和动态分析后,可知我国经济发达地区、一般发展中地区和欠发达地区之间的科研效率存在较大的差异,部分区域的科研效率偏低,一小部分区域的经济状况与科研效率不成正相关关系。这不禁引发我们深入思考,究竟是什么原因导致这一情况发生?如何避免这类现象的出现? 为深入研究影响高校科研绩效的因素,本文基于 Tobit 回归模型,分析影响科研绩效的主要原因。

一、研究假设

高校科研效率是衡量高校科研绩效和发展潜力的重要指标,对影响因素的探究应该贯穿于高校科研活动的方方面面。通过查阅与高校科研绩效影响因素相关的研究文献,选择地区政策环境、地区科研环境、投资规模程度、对外联系程度、职称比例结构作为影响我国 31 个省、自治区、直辖市科研效率的解释变量,并提出以下假设。

(一)地区政策环境方面

地区政策环境是各个地区为落实和推进本区域的发展,由当地政府建立相应的体制机制,下达一系列加快地区高质量发展的政策。笔者认为,政府对地区的重视程度越高,发展的资金投入越大,越有助于提升高校的科研绩效水平。通过以上分析,提出假设。

假设 1:地区政策环境与高校科研效率呈正相关关系。

(二)地区科研环境方面

地区科研环境是科学家、工程师等科学研究人员在高校或研究所从事实验和创造性工作所处的环境。北京、上海、广州、深圳等地区,科研环境相对中西部地区更具优势。相对而言,综合类高校和工科类院校相对于农林、医药、师范院校研究与发展机构数量更多,愿意投入研发的企业也更多。高校研究与发展机构的数量越多,代表高校的科研越有可能得到创新。因此,提出假设。

假设2:地区科研环境与高校科研效率呈正相关关系。

（三）投资规模程度方面

近年来,各地区增加财力投入,大力发展高校科研。科技投资是确保高校科研长期稳定发展的物资保证。一般认为,科研投入规模越大,科研绩效就越高。但在之前对我国不同区域科研绩效的实证分析中发现,北京、福建、浙江、广东等经济发达地区的综合效率值偏低。笔者认为,这一现象出现很可能是由于这些地区固定资产等有形资源投入相对过多,存在资源配置超前等问题。由此,提出假设。

假设3:投资规模程度与高校科研效率呈负相关关系。

（四）对外联动程度方面

在全球化进展日益加快的时代背景下,国内各所高校紧密联动,增加与国际一流高校的合作往来,以国际化的视野促进知识的流动,加快知识的转换。高校频繁派遣学生参加海外交流学习项目和学术会议,学习国外先进的技术和管理模式,提升技术创新效率。笔者认为,对外联动会提高科研效率水平。假设如下。

假设4:对外联动程度与高校科研效率呈正相关关系。

（五）职称比例结构方面

科技人力因素是科创的主体,科研创新很大程度上依赖于所属机构的科学家和工程师。教师是开展科研工作的生力军,具有高级职称的教师又是学科带头人,所以选取研究与发展人员高级职称的占比作为自变量,衡量教师的整体素质。笔者认为,教师高级职称所占比例越高,科研绩效水平越高,故提出假设。

假设5:职称比例结构与高校科研效率呈正相关关系。

二、回归模型构建

在对我国不同区域高校科研效率的测算结果中，综合效率值的取值范围为 0~1，这种因变量在一定范围内、取值有限制因素的称为受限因变量。Tobit 模型是被解释变量有限制、具有选择性行为的模型，相对于其他回归模型可以解释极值和非极值。

Tobit 模型在 1958 年由美国著名经济学家及诺贝尔经济学奖获得者詹姆斯·托比特（James Tobin）提出，模型原理及其表达式如下所示：

$$P_i^* = a + \beta Z_i + \mu$$

式中，P_i^* 为潜在因变量，Z_i 为解释变量，a 为常数项，β 为相关系数向量，μ 为随机干扰项。其中观察到的量 P_i 与潜在因变量 P_i^* 的关系如下：

$$P_i = \begin{cases} P_i^* & if P_i^* > 0 \\ 0 & if P_i^* \leqslant 0 \end{cases}$$

除了在 0 处进行截取外，通常情况下，也可以在任意有限点处进行截取，P_i 与 P_i^* 的关系为：

$$P_i = \begin{cases} P_i^* & if P_i^* > c \\ 0 & if P_i^* \leqslant c \end{cases}$$

因此，Tobit 模型为：

$$W_i = a + \beta_1 Z_1 + \beta_2 Z_2 + \beta_3 Z_3 + \beta_4 Z_4 + \beta_5 Z_5 + \mu$$

公式中，W_i 表示由 DEA-BCC 模型计算出的高校科研的综合效率，Z_1 表示地区政策环境，Z_2 表示地区科研环境，Z_3 表示投资规模程度，Z_4 表示对外联动程度，Z_5 表示职称比例结构。

三、模型回归结果

（一）地区政策环境

地区政策环境与高校科研绩效呈现出一定的负相关性，但并不显著。表明各个地区政府对于高校的投入多少与高校科研效率的高低没有必然的联系。近年来，政府加大投入力度，特别是对于经济发达地区的政策鼓励，造成了资源的一定冗余，地区政策环境较好的地区科研效率也有可能低于地区环境一般的地区。

（二）地区科研环境

地区科研环境的系数为负,P值小于0.01,表示二者在1%的显著性水平上显著负相关。这与先前的假设相互矛盾,说明虽然参与研究与开发的机构数量不断增多,但成果转化率与其增长速率不成正比。根据数据表明,经济发达地区和一般发展中地区的高校研发机构数量每年增长的幅度高于欠发达地区的增长速率,但上一章节分析的2015—2019年有一部分第Ⅲ类欠发达地区综合效率较高,而第Ⅰ类经济发达地区部分城市的综合效率偏低。盲目扩大高校研究与发展机构的数量不仅不能带来科研效率的提升,还会造成科研投入与产出的失衡。相对于数量,更应注重质量特别是内部科研机构的体制建设以及人员的监督管控。

（三）投资规模程度

投资规模程度与高校科研效率呈负相关的假设成立,即假设3成立。相关系数为0.054565,P值为0.0021,说明对于有形资产的购置等一系列科研经费的支出存在一定的浪费,这一现象在一定程度上会降低科研效率。政府应加强监管力度,追踪每笔资金的分配、使用途径价值及流出去向,以免造成不必要的损失,合理配置资源促进科研绩效的提升。

（四）对外联动程度

对外联动程度与高校科研效率呈正相关的假设成立,即假设4成立。对外联动会促进高校科研效率的提高,且二者之间的关系在5%水平上显著。这说明深化与国际之间的科技交流,加强留学生间互动,学习国外先进的理念,有助于提高我国高校的科研绩效。

（五）职称比例结构

职称比例结构与高校科研绩效之间呈现出一定的正相关性,但并不显著。高校内高级职称教师是科研队伍的先头兵和科研人员的引航者,拥有独立创造研发的能力和发现年轻才华教师的慧眼。目前,以老带新的师徒形式、职称评比竞争机制都会源源不断给高校科研注入新鲜血液。

第五章 基于DEA方法的高校科研绩效评价研究

本章主要研究内容包括:基于DEA方法的高校科研绩效静态评价、基于Malmquist指数的高校科研绩效动态评价、基于标杆管理和DEA的标杆树立与追随研究。

第一节 基于DEA方法的高校科研绩效静态评价

一、DEA方法及指标选择

（一）DEA方法原理

DEA方法是一种效率评价方法,1978年由美国运筹学家查恩斯(A. Charnes)等人提出,该方法只需初始数据与最终数据,不考虑中间环节,就能对决策单元进行相对有效的评价。该方法是一种非参数评估方法,无须人为赋权,在减少主观误差等方面具有较强的优越性。

与生产函数方法相比,DEA方法具有更多的优势。生产函数方法,仅适用于一种或多种投入但产出只有一种的情形,以及技术效率的考察。DEA方法的使用范围相对来说更加宽泛一些,该方法可以用来考察有多种产出的部门,同时可以进行技术效率、规模效率、管理效率等多种效率类型的测量。

生产函数的测算通常是通过给定的一组投入要素组合和产出进行拟合而得到,即根据实际产出量产生的一种平均意义下的函数,但这样会使得部分实际产出量在生产函数的上方。有学者提出使用前沿生产函数方法,即边界生产函数方法,以解决上述问题,该方法虽然确保所有产出都在生产函数下方,且仍需要对生产函数的具体形式进行设计。

DEA方法可以仅仅根据决策单元的实际观测数据,运用线性规划方法将有效的决策单元组合起来,构建分段生产前沿面,且其悬浮在整个观测样本点之上,以此为依据对决策单元的相对效率进行评估,它不需要对生产系统输入输出间明确的生产函数表达式进行假设。在实际操作中,相对于生产函数方法下的生产前沿面,DEA方法下的生产前沿面更易找到,主要原因在于相比于后者前者仅仅是一种理想状态。由于用DEA方法进行效率分析可以得到很多管理信息,因此该方法被越来越多学者使用,研究领域亦由经济领域向其他领域不断推广。

综上所述,DEA方法基于各个决策单位实际数据,构造处于投入成本最小化与产出收益最大化状态的投入产出最优组合,即一个生产前沿面。

(二)DEA方法模型

目前,数据包络分析的经典模型有CCR和BCC,其中,CCR模型是一种针对技术效率与规模效益共同评价的综合技术模型,其基本假设为规模收益不变(Constant Return to Scale, CRS)。假设有 n 个部门或组织,即决策单元(DMU),每个 $DMU_j(j=1,2,\cdots,n)$ 有 m 种投入,记为 $x_{ij}(i=1,2,\cdots,m)$,投入权重表示为 ν_i,用来衡量投入降低一个单位价值所带来的相对的效率上升;有 q 种产出,记为 $y_{kj}(k=1,2,\cdots,q)$,产出权重表示为 $\mu_k(k=1,2\cdots,q)$,μ_k 用来衡量产出降低一个单位价值所带来的相对的效率下降。要测量 DMU_j,需定义一个效率评价指数 h_j:

$$h_j = \frac{\sum\limits_{k=1}^{q}\mu_k y_{kj}}{\sum\limits_{i=1}^{m}\nu_i x_{ij}}(j = 1,2,\cdots,n)$$

这个效率评价指数 h_j 表明了决策单元 DMU_j 所有投入之下所获得的综合产出的经济效率。为了评价某个决策单元是不是相对最优,因此对所有评价单元的效率评价指数设置约束条件,使评价结果 $h_j(j=1,2,\cdots,n)$ 限定在 $0\sim1$ 之间,即决策单元的经济效率不超过100%,以第 j_0 个决策单元的效率评价指数为目标函数,可获得一个线性规划模型,即CCR模型。

CCR模型是一种包含技术效率与规模效益的综合技术效率模型,它的基本假设是规模效益不变,反映的是在投入量一定的情况下决策单元获得最大产出的能力,该效率分析结果由纯技术效率(pure technical efficiency)和规模效率(scale efficiency)共同构成。只有当纯技术效率和规模效率都较高时,决策单元总的技术效率才可能高,并且有:总体效率=纯技术效率×规模效率。

从公式可以看出,当纯技术效率等于1,且规模效率也等于1时,总技术效率会达到最大化。

BCC模型是一种纯技术效率模型,它是在CCR模型的基础上增加了约束条件$\sum_{j=1}^{n} \lambda_j = 1$,其基本假设为规模收益可变(Variable Return to Scale,VRS),即对技术效率评估时将规模效益排除在外,因此又称为"纯技术效率",其对偶模型可表示为:

$$\min\theta = \theta^*$$

$$\text{s.t.} \begin{cases} \sum_{j=1}^{n} \lambda_j x_j + s^- = \theta x_{j0} \\ \sum_{j=1}^{n} \lambda_j y_j - s^- = y_{j0} \\ \lambda_j \geqslant 0 \\ \sum_{j=1}^{n} \lambda_j = 1 \\ \theta\text{无约束} \end{cases}$$

CCR模型效率值与BCC模型效率值两者的比值即是该决策单元规模效率的值。此外,可通过CCR模型判断BCC模型中各类决策单元所处的规模收益状态:若CCR模型中的所有最优解中,$\sum \lambda_j^* = 1$,则表示该决策单元的规模收益不变。当投入量按同一比例发生变化时,产出量的比例将不发生变化,处于最优状态。若在CCR模型中的所有最优解中,$\sum \lambda_j^* > 1$,则说明该决策单元的规模收益是递减的,即投入量按某比例发生变化时,产出量的变化会较投入量变化小。当决策单元处于此阶段时,决策者应考虑减少投入。若CCR模型中的所有最优解中,$\sum \lambda_j^* < 1$,则表示该决策单元的规模收益是递增的,即投入量按某一比例增加或减少时,产出量变化比例将高于投入变化比例。若决策单元处于此阶段时,决策者应考虑增加投入。因此,决策者可以根据决策单元当前所处的规模收益递增或递减状态进行相应的投入调整和控制,来达到资源配置的有效性。

除了CCR、BCC模型以外，还有另外两种模型：一是FG模型，其基本假设为规模收益递减；二是ST模型，基本假设是规模收益递增。总之，上述四个模型可以是投入导向（input-oriented）或产出导向（output-oriented），也可设定为规模收益不变或规模收益可变。投入导向的DEA方法，通常是在假设给定产出水平下，求投入成本最小；而产出导向的DEA方法通常是在假设一定量的投入要素水平下，求取产出值最大。

笔者将采取DEA方法，以某高校自然科学学院和人文社会科学学院作为决策单元，通过计算综合效率值、纯技术效率和规模效率值，进行一系列的评价与分析。就是根据高校内部各学院的实际数据，计算查找出全校自然科学研究或人文社会科学研究投入产出的"生产前沿面"，拟合出相关投入产出的最优组合曲线，即位于最优组合曲线上的所有学院，都满足产出收益最大化或投入成本最小化的条件。也就是说，在所有参与评估的学院中，位于生产前沿面上的学院，其投入产出比是最优的，即处于按其投入而言所获得的科研产出的最好状态。

DEA方法的优势和特点是能够很好地处理多输入、多输出的决策单元的效率评价问题。多输入指的是投入指标可以多元化，多输出指的是产出指标可以多元化，对投入产出指标的量纲没有"统一化"等过多的要求。DEA方法下各指标的权重通过计算获得，无须人为赋权，保证了研究过程的客观性。另外，应用DEA方法能够得到基于生产前沿面的相对有效性分析结果，能够根据各个模型的"投影原理"对非有效的决策单元给出改进方向和改进量，从而保障评价结果的科学性。

高校作为非营利组织，尤其适合应用DEA方法对各类活动进行效率评价。非营利组织目标与企业追求利润最大化的目标不同，其目标更多的是提供良好的公共服务，相对于经济利益更看重活动的社会效益。因此对高校这类非营利组织进行绩效评价时，不能用简单的利润函数来描绘绩效程度。数据包络分析是针对研究对象进行多投入、多产出分析方法，其投入指标无须转化为货币计量单位，其产出的社会价值也可用多类产出指标进行衡量，因此能方便地求解非营利部门的效率问题。

（三）投入产出指标选择

科研产出指标的选择相对复杂，学术界对其也莫衷一是。投入产出指标的确定是否合理将直接影响到评价结果的科学性,根据"可行性、有效性、系统性、适用性"的评价指标确定原则,在保证数据可获得性和可测性基础上,参考其他学者的指标选择,笔者拟定的绩效评价指标如下。

1. 投入指标

典型的投入产出系统是指传统的生产系统,在投入一定的人、财、物等资源后,产出具有一定可度量价值的实物产品,其投入和产出指标的选择非常明确。对于高等教育这个培养人的事业,其投入和产出指标的选择是非常模糊的。相对来说,高校科研投入指标的选择较为容易,一般指人、财、物等资源,考虑到科研依据的"物"也主要由"财"转化而来,故文本所指的科研投入指标包括两类:人力投入和科研经费投入。

人力投入:高校人员由管理人员、科研人员、教师以及工勤人员四类构成,其中,绝大多数教师同时兼顾教学与科研两大块工作,由于科研与教学间存在着相互促进的关系,高校教师通常为科学研究的主要构成人员,高校人员中非教师的"纯"科研人员非常少见。因此,高校科研人员主要指专任教师(不含管理人员和工勤人员)。

科研经费投入:作为一项综合性社会活动,科学研究具有社会性特征,其成果的产生建立在充足的资金投入基础上。科研经费投入按照来源可以分为横向科研经费和纵向科研经费。基于需要,在数据处理中,以当年支出的科研经费作为科研经费投入指标。

2. 产出指标

高校的职责之一就是科学研究,而科研产出是科学研究活动的结果,在投入人力资源、科研经费之后,经过科研人员的智力劳动,产出的即是科研成果。基于数据的可获得性和客观性考虑,数据仅采用科研的直接产出。由于高校科研投入产出以及人文学科和自然学科的不同特性,故本文在对高校科研产生情况的评价中,以论文/著作成果、获奖成果及社会服务三方面作为产出指标。

论文/著作成果:当前科研成果最主要的载体即为学术著作和学术论文,亦是其主要的表现形式之一。著作包括专著、编著、译著、教材等。学术论文指在对某个科学领域中的问题进行理论和实验研究基础上,运用文字表述而形成的理论文章。然而,有关学术论文的评价不应该仅仅体现在数量上,而且还应该体现在质量上。当前期刊名目繁多,高校对教师的评价机制中对教师发表学术论文数量的要求较多,需要防止低水平论文充斥于学术成果中而影响研究质量。因此,基于数据的可获得性,我们选择的指标包含两大类:自然科学类的论文限定为在SCI全文收录的境外期刊上发表的论文和在EI境内外核心期刊上发表的论文;人文社科类的论文限定为在SSCI、A&HCI收录的境外期刊上发表的论文,在EI境内外核心期刊上发表的论文,以及在CSSCI收录期刊上发表的论文。

获奖成果:科研获奖成果对于科研产出而言非常重要,它代表社会对科研成果的认可。获奖数量和获奖级别通常是一个院系科研实力的反映。所以,笔者在对高校院系科研产出的评价中,将获奖成果作为评价指标之一,获奖级别明确界定为省部级及以上奖励。

社会服务:高校科研服务社会的方式主要包括专利发明、技术转让、政策咨询等。自然科学领域中的重要科研成果产出形式即为专利。由于自然科学领域的社会服务产出须由社会对其贡献进行评价,因而,自然科学在社会服务方面的产出,采用专利授权数来进行表征。

对于人文社会科学而言,其科研服务社会的方式更多的是以课题的方式来进行,因此,省部级以上项目的获得是人文社会学科在社会服务方面产出的重要内容。从数据的可获得性和研究的需要,人文社会科学的产出指标区别于自然科学的专利授权,笔者选择省部级以上项目作为一项指标。

（四）评价对象

笔者选取了山东具有代表性的教学研究型高校——J大学作为研究对象,该校有24个教学院系,其中主要开设人文学科的学院13个,主要开设自然学科的学院11个。基于自然科学和人文社会科学研究所具有的差异,笔者将自然学科和人文学科分别进行科研绩效评价,以观测在当前投入状况下自然学科和人文学科资源投入分别所带来的科研产出效率状况。

二、J大学自然科学研究绩效评价及分析

（一）数据来源及处理

以J大学为例来探讨具体一所高校科研绩效的评价问题。J大学为山东省重点建设的综合性高校,学科专业涵盖10个学科门类。学校目前共有24个教

学学院,其中以自然学科为主的学院有11个,以人文学科为主的学院有13个。J大学的传统优势学科是理工类学科,但近十年,其人文社会科学发展势头也较为强劲,呈现出文理学科齐头并进的态势。经过近十年的快速发展,从各项指标上看,科研整体实力得到提升。在此快速发展过程中,究竟哪个理工类学院或者哪个人文社科类学院具有相对科研绩效优势,值得好好分析研究。

规模报酬的判定规则如下:对 CRS-DEA 模型和 VRS-DEA 模型得到的技术效率值进行比较,当二者相等时,说明生产活动的规模报酬不变,即生产活动处于最优规模;如果不相等,说明生产活动不是在最优规模下。如果规模无效率,则需要继续比较 VRS-DEA 模型和 NIRS-DEA 模型得到的技术效率值,当二者相等时,NIRS-DEA 模型中增加的约束条件对效率值无影响,说明生产活动所处的规模很大,且符合规模报酬非增(NIRS)的条件,因而存在规模报酬递减;若二者不相等,NIRS-DEA 模型中增加的约束条件对效率值有影响,说明生产活动所处的规模较小,规模报酬非增的约束条件对效率值有影响,因而存在规模报酬递增。

(二)2015年度结果数据分析

2015年度,在J大学的11个理工类学院中,有4个学院的综合效率值为1,这个结果表明,该4个学院(学院C、学院D、学院H、学院K)的科研投入产出实现了效益的最大化,科研资源利用率高,投入产出比例较为合适,DEA有效。此外,进一步对比可发现,这些院系的规模有效性和技术有效性均为1,即在规模报酬不变的状态下,投入产出比为最佳状态。

同时,在这11个院系中,学院A、学院B、学院E、学院F、学院G、学院I、学院J则为非DEA有效的决策单元,其中学院A、学院B、学院E、学院F、学院I、学院J等6个学院为规模报酬递增。据此,笔者认为应当在提高上述院系资源配置效率的基础上,加大资源投入。

学院G为规模报酬递减,说明如果进一步以相同比例增加投入量,其产出增加值将小于投入值,因此从有效性看,可以考虑减少对该学院的投入,或考虑学院内部的资源整合,从而达到资源利用效率最大化。

对这11个学院的DEA有效性进行分析发现,DEA有效的学院有4个,比例为36.4%,在效率小于1的院系中,6个学院的综合效率都小于0.80,只有1个学院的综合效率大于0.80。基于如上分析,笔者认为在2015年度,J大学的自然科学类科研投入产出效率不够高。

(三)2014年度结果数据分析

在2014年度,J大学的11个理工类学院中有7个学院的综合效率值为1,该结果表明,这7个学院(学院A、学院B、学院C、学院D、学院G、学院H、学院K)的科研投入产出比例较为合适,投入产出效益达到最大化状态,科研资源的利用率高,DEA有效。进一步进行对比发现,这些学院的规模有效性和技术有效性均为1,表明7个学院都达到了技术有效和规模有效,且规模报酬不变,这说明投入产出比为最佳状态。

同时,在这11个学院中,学院E、学院F、学院I、学院J属于非DEA有效的决策单元,该4个学院均为规模报酬递增,说明若他们的投入以相同的百分比增加,那么该4个学院的产出增加值将大于投入值。因此,对于这些学院而言,应当进一步争取学院的科研投入,或者在提高自身资源配置效率的基础上争取更大的资源投入规模,以增加这些学院的科研产出。

对这11个学院的DEA有效性进行分析发现,DEA有效的学院有7个,所占比例较大(63.6%);在效率小于1的学院中,有1个学院的综合效率接近0.80,有2个学院的综合效率大于0.90,只有1个院系的综合效率小于0.80但大于0.50。因此,笔者认为在2014年,J大学的自然科学类科研投入产出效率比较高。

(四)2014年及其前后年度结果数据比较分析

笔者利用MaxDEA Ultra 6.18软件对研究所获取的数据进行DEA方法分析,在获得当期的效率值efficiency(t)外,还获得效率值efficiency($t-1$)和efficiency($t+1$),efficiency(t)是以本期投入为基础得出的效率值;efficiency($t-1$)是以上一期投入为基础本期产出所获得的效率值;efficiency($t+1$)是以下一期投入为基础本期产出所获得的效率值,即在未来下一期的投入中本期的产出效率水平。

J大学2014年度与2013年度的高水平论文产出效率水平普遍较高,且2014年度的高水平论文产出效率水平高于2013年度,2013年度学院K、学院J的高水平论文产出效率水平较低。J大学2015年度与2014年度的高水平论文产出效率水平普遍较高,但2015年度的高水平论文产出效率水平低于2014年度,且2015年度学院H、学院E的高水平论文产出效率水平变低。2013年度J

大学高水平论文的生产前沿面与2014年度的生产前沿面基本相同,而2015年度J大学高水平论文的生产前沿面较2014年度相对收窄,相对的产出效率变低。

从科研获奖产出效率水平来看,J大学2014年度与2013年度的科研获奖产出效率水平相对于高水平论文产出效率水平稍有落后,但2014年度的科研获奖产出效率水平高于2013年度,且2013年度的学院I的科研获奖产出效率水平较低。J大学2015年度与2014年度的科研获奖产出效率水平普遍较高,但2015年度的科研获奖产出效率水平低于2014年度,且2015年度学院F、学院C的科研获奖产出效率水平明显变低。另外,2013年度J大学科研获奖的生产前沿面较2014年度的生产前沿面相对收窄,生产可能集变小,约束增强,说明2014年度的科研投入状况好于2013年度。2015年度J大学科研获奖的生产前沿面较2014年度也相对收窄,相对的产出效率变低。

从专利授权产出效率水平来看,J大学2014年度与2013年度的专利授权产出效率水平相对于高水平论文产出效率水平更加落后,且效率状况点比较离散,效率值偏低的情况比较常见,2014年度的专利授权产出效率水平也较2013年度稍微落后了一些,2013年度的学院A、学院C的专利授权产出效率水平较低,2014年度的学院J、学院K的专利授权产出效率水平较低,而学院I的专利授权产出效率水平在2013年、2014年均较低。J大学2015年度与2014年度的专利授权产出效率水平相比普遍偏高,且2015年度只有学院A的专利授权产出效率水平偏低一些。另外,2013年度、2014年度、2015年度J大学专利授权的生产前沿面不断前移,生产可能集不断扩大,约束减弱,投入的规模效应向好转变。

（五）2014年及其前后年度结果的原因分析

为避免冗长和雷同,下面仅选取部分绩效比较有特点的学院进行原因分析。

1. 学院A相关结果的原因分析

2013年度的科研投入产出优于2014年度的科研投入产出,虽然2014年度的科研经费投入的减少导致高水平论文数下降,但每万元高水平论文数却反增,导致该投入产出比值增加,促进效率提升,其余投入产出比值较2013年度有所降低,彼此有冲抵效应,故整体上未有大的改变。2015年度科研经费投入较2013年度有近300%的大幅增长,专任教师数也增长了12%,单位投入产出情况有大幅度变化,人均高水平论文数为2013年度人均高水平论文数的77.83%,万元高水平论文数为2013年度万元高水平论文数的0.71%,人均专利受权数与2013年度人均专利授权数大体相等,但万元专利授权数仅为2013年度万元专利授权数的44.44%,导致2015年度科研投入产出效率大幅度下滑。这种情况应该是投入产出的滞后效应或时间差导致的。

2. 学院C相关结果的原因分析

2013年度的科研投入产出有3项优于2014年度的单位科研投入产出,与2013年度相比,2014年度专有教师人数和科研经费投入增加的同时专利授权数增幅明显,但高水平论文数改变不大,而科研获奖数有大幅度下滑,不过平均到每人、每万元以后,单位科研获奖数影响不大,单位高水平论文数、单位专利授权数增加有效缓解了单位科研获奖数下降而带来的负面影响,彼此有冲抵效应,整体上未有大的改变。虽然2015年度科研经费投入较2013年度有近50%的大幅增长,专任教师数也增长了8.6%,但单位投入产出情况没有大的改变,2015年度人均高水平论文数为2013年度人均高水平论文数的111.46%,万元高水平论文数却为2013年度万元高水平论文数的85%,单位专利授权数比2013年度单位专利授权数大幅度提高,单位获奖数却低于2013年度万元单位获奖数的1/3,导致2015年度科研投入产出效率也保持生产前沿面上的最优水平。

3. 学院E相关结果的原因分析

2013年度的科研投入产出明显优于2014年度的科研投入产出。与2013年度相比,2014年度专任教师数、科研经费投入均增加,但高水平论文数、科研获奖数不增反降,只有专利授权数有较大增加,且除了人均专利授权数有一定增加外,其余投入产出比值均较2013年有所降低,投入产出效率下降明显。2015年度科研经费投入较2014年度下降了17.61%,专任教师数却增长了6.6%,人均高水平论文数、万元高水平论文数下降,人均专利授权数、万元专利授权数却有大幅增加,因而2015年度科研投入产出效率与2014年度基本相当,仍处于比较低的投入产出水平。

4. 学院G相关结果的原因分析

2013年度的科研投入产出略低于2014年度的科研投入产出,与2013年度相比,2014年度专任教师数增加5.8%,科研经费投入却减少27.7%,3个产出指标值略有增长,从单位投入产出指标来看,除人均高水平论文数下降外,其余投入产出比值较2013年度均有增加,彼此有部分冲抵效应,整体上改变不够明显。2015年度科研投入产出较2014年度均有增加,但高水平论文数、科研获奖数下降比较明显,单位投入产出情况有大幅度变化,人均高水平论文数等4个指标均有大幅度下降,而人均专利授权数、万元专利授权数涨幅相对较小,导致2015年度科研投入产出效率有一定幅度下滑,规模效率、技术效率均变差,规模报酬呈递减状态。

5. 学院I相关结果的原因分析

2014年度的科研投入产出优于2013年度的科研投入产出,除了万元专利授权数以外,2014年度其余单位投入产出指标均高于2013年度,规模扩大带来的效果明显。2015年度科研投入、科研产出比2013年度均有增长,单位投入产出指标普遍优于2013年度,经费投入有近7.6%的增长,专任教师数也增长了8.7%,单位投入产出指标普遍优于2013年度所带来的利好效应不足以展现科研投入增大应有的产出增长效果,导致2015年度科研投入产出效率比2013年度略有下滑,当然,也远低于2014年度的科研投入产出效率。

6. 学院K相关结果的原因分析

2014年度的科研投入产出明显优于2013年度的科研投入产出,在科研经费投入减少的情况下,2014年度专任教师数增加7.1%,科研产出有明显提升。2015年度科研经费投入较2014年度有82.19%的大幅下降,专任教师数基本保持不变,专利授权数却不降反增,单位专利授权数也有大幅度的提升,且万元专利授权数为2015年度J大学其他学院万元专利授权数的最大值,其余3个单位投入产出数均下降,彼此有冲抵效应,整体上未有大的改变,使得2015年度科研投入产出效率依然保持最优水平。

(六)科研投入产出效率的变动趋势分析

学院C、学院H科研投入产出效率始终处于最优状态;学院D的科研投入产出效率处于或紧邻最优状态;学院A科研投入产出效率在2011年至2014年之间处于最优状态而2015年有大幅度下滑,原因是2015年投入过大而未有足够的产出;学院B科研投入产出效率在2011年、2013年、2014年处于最优状态,2012年、2015年略有波动,原因是2012年、2015年投入加大而产出基本不变;

学院G科研投入产出效率在2012年至2014年之间处于最优状态,2011年、2015年有较大波动,原因是2011年投入较大而产出效果较差,2015年投入加大而产出结果变差;学院K科研投入产出效率有波浪起伏,在区间[0,1]波动明显,2011年没有产出,效率为0,2012年有提升,但2013年又有较大幅度下降,2014年、2015年达到最优状态;学院I、学院J科研投入产出效率有波浪起伏,在2012年达到最优状态,在2013年、2015年处于波浪低谷,学院I的总体科研绩效优于学院J;学院E、学院F科研投入产出效率相对较差,始终没有处于最优状态,学院E2013年科研投入产出效率接近最优状态,但2012年、2014年、2015年的科研投入产出效率过低,产出效果不理想,学院F的科研投入产出效率始终较低,需加大措施从根本上加以改进。

三、J大学人文社会科学研究绩效评价及分析

(一)数据来源及处理

笔者将J大学的13个人文类学院作为人文社会科学研究绩效评价的对象,同时遵循研究的伦理,分别用"学院1""学院2"……来代表这些学院的名称。

对人文社科类院系的科研产出绩效分析同样利用MaxDEA Ultra 6.18软件对研究所获取的数据进行DEA方法分析。根据研究的目的,选择投入导向的BCC模型进行分析。其中,学院13是2012年新成立的学院,前几年尚处于学院组建期,2012—2014年科研无产出数据,故在进行DEA方法分析时将不予考虑学院13。

(二)2015年度结果数据分析

2015年度,在J大学的前12个人文社科类学院中,有6个学院的综合效率值为1,这个结果表明,该6个学院(学院4、学院5、学院6、学院9、学院10、学院12)的科研投入产出比例较为适中,即当前投入下效益最大化,科研资源的利用效率亦较高,DEA有效。在进一步进行对比发现,这些学院的规模有效性和技术有效性均为1,即他们都达到了规模有效和技术有效,且处于规模报酬不变的阶段,说明它们的投入产出比为最佳状态。

同时,在这12个学院中,学院1、学院2、学院3、学院7、学院8、学院11则为非DEA有效的决策单元,其中学院2、学院3、学院8、学院11为规模报酬递增。故上述四个学院应不断加大科研投入,以进一步提升科研产出水平。学院1为

规模报酬递减,说明该学院存在资源浪费现象,或者资源利用不充分,因此,可考虑减少该学院投入规模或重新进行学院内部资源整合,以提高资源利用的有效性。学院7在2015年度科研无产出,需审查其科研管理无效的内在原因,并作出相应的处理。

对这12个学院的DEA有效性进行分析发现,其中6个学院DEA有效,比例为50%;在效率小于1的6个院系中,综合效率均小于0.80,且有1个学院科研无产出。基于如上分析,笔者认为,在2015年,J大学的人文社科类科研投入产出效率不够高,且两极分化现象比较严重。

(三)2014年度结果数据分析

2014年度,在J大学的前12个人文社科类学院中,有5个学院的综合效率值为1,这个结果表明,该5个学院(学院1、学院2、学院5、学院7、学院12)的科研投入产出比例较为合适,科研资源利用率较高,即投入效益的最大化,DEA有效。进一步进行对比发现,这些学院的规模有效性和技术有效性均为1,即它们都达到了技术有效和规模有效,且规模报酬不变,表明其投入产出比为最佳状态。

同时,在这12个学院中,学院3、学院4、学院6、学院8、学院9、学院10、学院11为非DEA有效的决策单元,其中学院3、学院8、学院9、学院10、学院11规模报酬递增,该项研究结论说明若以相同的百分比增加投入,上述5个学院的产出增加值将大于投入值,因此,上述5个学院应在提高自身资源配置效率的基础上,不断加大科研投入,进一步提升科研产出水平。学院4、学院6规模报酬递减,说明存在资源浪费现象,或者资源利用不充分,因此,可考虑通过减少这两个学院投入规模或重新进行学院内部资源整合,以提高资源利用的有效性。

对这12个学院的DEA有效性进行分析发现,DEA有效的学院有5个,占41.67%,在综合效率小于1的学院中,只有1个学院的综合效率大于0.80,其余6个学院的综合效率均小于0.80。因此,笔者认为,在2014年,J大学的人文社科类科研投入产出效率亦不够高。

(四)2014年及其前后年度结果数据比较分析

J大学2014年度与2013年度的人文社科高水平论文产出效率水平相对较高,且2014年度的高水平论文产出效率水平高于2013年度,2013年度的学院

7、学院8高水平论文产出效率水平较低,2014年度的学院6、学院8高水平论文产出效率水平较低,且学院8的高水平论文产出效率相比2013年度情况变差。J大学2015年度与2014年度的高水平论文产出效率水平相对较高,但2015年度的高水平论文产出效率水平低于2014年度,且2015年度学院3、学院8高水平论文产出效率水平变低,学院7高水平论文无产出。2013年度至2015年度J大学人文社科高水平论文的生产前沿面层层前移,相对的高水平论文产出水平有进一步提升。

从科研获奖产出效率水平来看,J大学2014年度与2013年度的人文社科科研获奖产出效率水平相对于高水平论文产出效率水平稍有落后,且2014年度的科研获奖产出效率水平低于2013年度,尤其是学院3、学院5、学院11相对更差,但学院4较2013年度科研获奖产出效率水平有较大提升。J大学2015年度与2014年度的人文社科科研获奖产出效率水平相对较高,且2015年度的科研获奖产出效率水平高于2014年度,尤其是2015年度学院3、学院5的科研获奖产出效率水平明显提高。另外,2014年度J大学科研获奖的生产前沿面较2013年度的生产前沿面相对收窄,生产可能集变小,约束增强,说明2013年度的科研投入状况好于2014年度。2015年度J大学科研获奖的生产前沿面较2014年度相对前移,相对的产出效率变高,且学院3、学院5的科研获奖产出效率水平明显增强。

从高级别项目立项产出效率水平来看,J大学2014年度与2013年度的人文社科高级别项目立项产出效率水平好于高水平论文产出效率水平,且效率状况点比较集中,效率值偏低的情况基本不见,2014年度的高级别项目立项产出效率水平也较2013年度稍微好了一些,2013年度相对较差的学院9在2014年亦有较大提升。J大学2015年度与2014年度的高级别项目立项产出效率水平相比普遍偏低,尤其是学院8、学院11下降更为明显,但学院4、学院9水平要好于往年。另外,2013年度、2014年度、2015年度J大学高级别项目立项的生产前沿面不断前移,生产可能集不断扩大,约束减弱,投入的规模效应向好转变。

（五）科研投入产出效率的变动趋势分析

利用MaxDEA Ultra 6.18软件对研究所获取的数据进行DEA方法分析,探讨J大学2011—2015年的人文社会科学研究效率变动状况。

J大学投入产出效率有4年处于最优状态,2011年有较大波动,原因是2011年投入较大而产出效果较差;学院1、学院2科研投入产出效率有3年处于最优状态,2013年、2015年有波动,原因是2013年、2015年投入加大而产出变动不大;学院4、学院10科研投入产出效率有2年处于最优状态,2012年、2013年、2014年有较大波动,原因是2012年投入增加而产出下降,2013年投入加大许多而产出增加不多,2014年投入减少许多而产出变化不多;学院6、学院9科研投入产出效率有2年处于最优状态,但呈现波浪起伏,有1年相对效率比较低;学院7科研投入产出效率有2年处于最优状态,但呈现波浪起伏,而2015年科研无产出;学院3、学院11科研投入产出效率有1年处于最优状态,但呈现波浪起伏,总体学院3的科研绩效优于学院11;学院8长期处于效率较低状态,需加大措施从根本上加以改进。

第二节 基于 Malmquist 指数的
高校科研绩效动态评价

对高校科研绩效进行分析评价时,如果只分析静态绩效,只能反映当时的科研绩效状况,不能对绩效的发展变化作出判断,也就不能全面了解绩效评价的发展趋势和变化规律,因此采用静态的科研绩效评价存在着一定缺陷。如果要更好地分析科研绩效的变化原因,更全面地评价高校科研绩效,需要对高校科研绩效进行动态分析。通过对 Malmquist 指数进行分解,可以实现 DEA 方法对决策单元相对有效性的动态分析的目的。

一、Malmquist 指数分析法概述

Malmquist 指数最早由瑞典科学家 Malmquist 于1953年提出。1982年,凯夫斯(Caves)等人在 Malmquist 指数与距离函数概念的基础上发展出 Malmquist 生产率指数,用于测量总要素生产率(TFP)的变化,引起很大反响。但由于在计算上的复杂性等原因,后来鲜用于实证研究中。直到随着数据包络分析(DEA)理论的发展,学者将二者结合起来,Malmquist 生产率指数才被广泛运用于生产率的测算中。1994年,法尔(Fare)等人在改进的 DEA 方法基础上利用

Malmquist指数来考察两个时期的生产率变化。

由于Malmquist指数在对多投入、多产出的全要素生产率的数据分析中具有显著的优势,笔者将通过建立DEA模型,运用Malmquist指数测度高校科研绩效。

规模报酬不变时,Malmquist指数可分为技术效率变动指数(TECH)与技术进步变动指数(TECHCH)的乘积,公式如下:

Malmquist指数＝技术效率变动指数×技术进步变动指数

(一)距离函数

距离函数(distance function)指的是描述两点间距离的函数。在经济学中常指某一生产点到生产前沿面之间的距离。它包含面向投入的生产函数和面向产出的距离函数。在此选择面向产出的距离函数进行分析,面向产出是指在投入一定的条件下,产出量的增加幅度。

(二)Malmquist指数及分解

基于固定规模收益和要素能够自由处置两个前提记为(C,S),法尔(Fare)和格罗斯科夫普(Grosskopf)等人对Malmquist指数作出了如下定义:

$$M_t = \frac{D_t\left(X_{t+1}, Y_{t+1}|C,S\right)}{D_t\left(X_t, Y_t|C,S\right)}$$

$$M_{t+1} = \frac{D_{t+1}\left(X_{t+1}, Y_{t+1}|C,S\right)}{D_{t+1}\left(X_t, Y_t|C,S\right)}$$

M_t和M_{t+1}表示的是前后两个时期的生产点到生产前沿面的距离函数之间的比值,用来反映生产效率在不同时期的变动情况。假设存在单输入输出情况,(X_t, Y_t)、(X_{t+1}, Y_{t+1})分别表示两个时期的生产点,D_t、D_{t+1}分别表示的是两个时期的生产可能集。

后来法尔和格罗斯科夫普等人对Malmquist指数进行了转化,具体方式是把利用Malmquist指数取的几何平均值来作为两个时期的效率演进指数。

二、高校自然科学研究绩效动态评价及分析

根据科学的研究对象和科学发展的历史,学界一般将科学分为自然科学和社会科学两大类,简单地说,自然科学研究自然现象及其规律,社会科学研究社会现象及其规律,两者之间既有区别,又有密切的联系。事实上,随着两

个学科的互动日益加强,我国科学界也坚持社会科学与自然科学并重发展的理念,我国科学研究管理实务部门也是根据这一理念进行了实践层面的具体落实,即对自然科学和社会科学给予同等重视。

我国高等学校的专业设置也是包含了自然科学与社会科学两类领域。目前共有12个学科分类,其中,理工农医归属自然科学,其他归属社会科学。管理学学科跨越两类学科区域,具有一定的特殊性。以科学研究基金评审系统为例,全国哲学社会科学规划办将管理学列为国家社会科学基金评审的23个学科之一,同时,国家自然科学基金委也专门设有"管理科学部"。

由于自然科学与社会科学两者之间存在着研究对象、研究方法以及研究成果等方面的区别,两类研究在研究活动中的投入指标以及产出指标也具有差异性,因此,在研究高等学校科学研究绩效问题时,也应该对这两类科学研究进行区别分析,这样才能保证分析结论的信度和效度。

本文分别对J大学的自然科学和社会科学研究绩效进行研究。J大学的自然科学包括了理学、工学和管理学科门类的学院,其中管理学只包含部分学科。

(一)J大学2011—2015年度自然科学研究全要素生产率及其分解状况

前文基于DEA方法对J大学科研绩效进行了静态分析,但没有分析技术变化对科研绩效的影响,故接下来将重点分析科研绩效的动态发展过程并对其进行评价。本文主要运用Malmquist指数法对J大学11个以自然科学研究为主的学院(以学院A～学院K表示)的科学研究绩效进行动态分析,探讨这些学院科学研究投入产出相对有效性的动态发展过程,分析的时间跨度为2011～2015年。利用MaxDEA Ultra 6.18软件,得到J大学11个学院5年自然科学科研投入、产出率的动态特征值——技术效率变动指数(TECH)、技术进步效率变动指数(TECHCH)、纯技术进步变动指数(PECH)、规模效率变动指数(SECH)、全要素生产率变动指数(TFPCH)。

1. J大学2015年度自然科学研究全要素生产率及其分解状况

从MaxDEA Ultra 6.18软件分析的数据可知,J大学自然科学研究投入产出全要素生产率变化过程显示,2015年度,全要素生产率增幅大于1的有5个学院,说明这些学院的科研投入产出全要素呈上升态势,其中,学院K提升的幅度为78.6%,居所有自然科学学院之首;增幅小于1的有6个学院,显示出这些学院的科研投入产出全要素生产率呈下降态势,其中,学院A和学院G的下降最为明显,分别下降了64.3%和53.3%。在增幅大于1的5个学院中,其增长的主要因素源于技术进步效率的提高。其中,有4个学院纯技术效率没有变化,而学院E在综合效率、纯技术效率、规模效率这三个层面的数据显示均有下降。由于学院E的技术进步效率大于1,因此生产前沿面前移,因而其综合效率下降,科研组织管理水平有所下滑。

J大学自然科学研究投入产出的全要素生产率变化分解指数数据显示出,只有1个学院纯技术效率变化大于1,有4个学院等于1,其他6个学院纯技术效率变化小于1,呈现出技术效率下降的趋势,占J大学自然科学学院总数的45.45%;在技术进步变化方面,有4个学院技术进步变化小于1,呈现出技术衰退现象,占J大学自然科学学院总数的36.37%;从综合效率变化方面来看,有4个学院综合效率变化等于1,其他7个学院综合效率变化小于1,出现了组织管理水平下降趋势,占J大学自然科学学院总数的63.64%;从规模效率变化数据来看,有4个学院规模效率变化等于1,其他7个学院规模效率变化小于1,出现了规模效率下降趋势,占J大学自然科学学院总数的63.64%。

2. J大学2014年自然科学研究全要素生产率及其分解状况

从MaxDEA Ultra 6.18软件分析的数据可显示出J大学在自然科学研究方面投入产出全要素生产率变化趋势。2014年度,全要素生产率增幅大于1的有8个学院,其中,学院K提升幅度最大,是该学院2013年度全要素生产率的39.67倍。全要素生产率增幅小于1的有3个学院,表明其全要素生产率下降,其中,学院E和学院G下降最为明显,均下降了48.6%。增幅大于1的8个学院全要素生产率的增长原因主要在于这些学院技术进步效率、组织管理水平、纯技术效率和规模效率的提高,只有学院I技术进步效率略有下降。由于学院I的技术进步效率小于1,因此生产前沿面后移,并且I(2)点与I(1)点相比,其到各自生产前沿面的垂直距离更短,距离更近,综合效率上升,科研组织管理水平提高。

由J大学自然科学研究投入产出的全要素生产率变化分解指数数据可知,有1个学院纯技术效率变化大于1,有7个学院等于1,其他3个学院小于1,呈现出技术效率下降的趋势,占J大学自然科学学院总数的27.27%;在技术进步变化方面,有8个学院的技术进步变化大于1,其他3个学院都小于1,呈现出技术衰退现象,占J大学自然科学学院总数的27.27%;从综合效率变化方面来看,有3个学院综合效率变化大于1,有6个学院等于1,其他2个学院小于1,呈现出组织管理水平下降的趋势,占J大学自然科学学院总数的18.18%;从规模效率变化数据来看,有4个学院的规模效率变化大于1,有6个学院等于1,其他只有1个学院小于1,出现规模效率下降趋势,占J大学自然科学学院总数的9.09%。总体而言,整体状况好于2015年。

3. J大学2014年与2015年自然科学研究全要素生产率状况比较

从MaxDEA Ultra 6.18软件分析的数据可知,从J大学自然科学研究投入产出的全要素生产率变化来看,2015年度,J大学自然科学研究学院全要素生产率增幅大于1的有5个学院,而2014年度,增幅大于1的有8个学院,全要素生产率增长的学院减少了37.50%,其中,除学院H、学院K继续保持增长,其余6个学院的全要素生产率全面回落。2015年,学院C、学院D、学院E全要素生产率获得提升,其增长原因主要是这些学院技术进步效率的提高。但学院E的综合效率、纯技术效率、规模效率均有下降,其科研组织管理水平有所下滑,需警惕。在全要素生产率下降的学院中,学院A、学院G下降明显,学院B、学院F亦有较大下滑。其中,学院A、学院F下滑是纯技术效率出现大幅度下滑,G学院下滑是技术进步方面出现退步,学院B虽未有明显短板,但综合效率相对滞后,纯技术效率、规模效率均有不同程度的下降。学院I、学院J在2014年上冲过猛,2015年回调。但学院I纯技术效率、规模效率均有较大程度的下降,学院J规模效率下降明显,需要特别关注。

(二)各学院自然科学研究投入产出效率平均Malmquist指数分析

1. 学院A2011—2015年自然科学研究平均Malmquist指数及其分解状况

根据2011—2015年学院A自然科学研究投入产出全要素生产率的变化趋势可得,其生产率平均值是0.918 752,其中,最小值0.357 405,最大值1.599 149,呈现出一种波动变化的发展态势,且2014—2015年有较大下滑。这说明学院A在全要素生产率方面呈现出上下波动特征,学院的科学研究发展不稳定。对A

学院A整体的增长结构进行分析可知,其综合效率平均值是0.862 52,最小值0.450 079,导致其下降的主要因素为该学院纯技术效率、规模效率均呈下滑态势。

2. 学院B2011—2015年自然科学研究平均Malmquist指数及其分解状况

根据2011—2015年学院B自然科学研究投入产出全要素生产率的变化趋势可得,其生产率的平均值为0.983 486,其中,最小值0.782 445,最大值1.107 58,全要素生产率持续上升后,2014—2015年有较大下滑。这说明学院B的2014—2015年全要素生产率存在较大问题。从学院B整体的增长结构可以看出,其综合效率平均值是0.969 989,最小值0.862 656,导致其下降的主要因素为该学院纯技术效率、规模效率均呈下滑态势。

3. 学院C2011—2015年自然科学研究平均Malmquist指数及其分解状况

根据2011—2015年学院C自然科学研究投入产出全要素生产率的变化趋势可得,其生产率的平均值是1.087 346,其中,最小值0.877 279,最大值1.299 218,呈现出一种V型变化发展的态势,且2013—2014年相对较低。这说明学院C的科研投入产出全要素生产率存在波动发展的态势,学院的科学研究未处于稳定发展的状态。从学院C整体增长结构方面分析可知,其综合效率平均值是1,且始终保持不变,导致其发生变动的主要因素为该学院技术进步效率发生变动。

4. 学院D2011—2015年自然科学研究平均Malmquist指数及其分解状况

根据2011—2015年学院D自然科学研究投入产出全要素生产率的变化趋势可得,其生产率的平均值是1.188 884,其中,最大值1.268 197,最小值0.997 717,由此可知,学院D也呈现出一种V型变化发展的趋势,且2013—2014年相对较低。这说明学院D在全要素生产率方面处于波动发展的态势,学院的科学研究不是一种稳定发展的状态。从学院D整体增长结构方面进行分析可知,其综合效率平均值是1.023 312,且保持增长或不变,影响其发生变动的主要因素为该学院技术进步效率发生变动。

5. 学院E2011—2015年自然科学研究平均Malmquist指数及其分解状况

根据2011—2015年学院E自然科学研究投入产出全要素生产率的变化趋可得,其生产率的平均值是1.289 714,其中,最小值是0.514 090,最大值2.500 722,大致呈现出明显波动发展的态势,且振幅激烈。这说明学院E的科学研究不是一种稳定发展的状态。从学院E整体增长结构方面进行分析可知,其综合效率平均值是1.088 424,最小值0.401 189,,虽然该学院纯技术效率、规模效率均呈下降态势由于2012~2013年的巨大涨幅,但其综合效率平均值依然大于1。

6. 学院F2011—2015年自然科学研究平均Malmquist指数及其分解状况

根据2011—2015年学院F自然科学研究投入产出全要素生产率的变化趋势可得,其生产率的生产率平均值是1.138 242,其中,最小值0.686 911,最大值1.552 526,呈现出持续下降趋势,且2014—2015年全要素生产率跌至1以下。这说明学院F的全要素生产率渐显乏力,学院的科学研究发展速度逐渐降低。从学院F整体增长结构方面进行分析可得,其综合效率平均值是0.945 535,最小值0.568 578,导致其下降的主要因素是该学院在纯技术效率和规模效率两方面的数据均呈下降态势。

7. 学院G2011—2015年自然科学研究平均Malmquist指数及其分解状况

根据2011—2015年学院G自然科学研究投入产出全要素生产率的变化趋势可得,其生产率的平均值是1.017 742,其中,最小值0.466 501,最大值1.424 804,呈现出明显的起伏波动态势,且振幅激烈。这说明学院G在全要素生产率方面存在较大的波动变化趋势,学院的科学研究并不处于稳定发展的状态。从学院G整体增长结构方面进行分析可知,其综合效率平均值是0.969 447,最小值0.725 962,导致其下降的因素主要是该学院在纯技术效率、规模效率两方面的数据均呈下降态势。

8. 学院H2011—2015年自然科学研究平均Malmquist指数及其分解状况

根据2011—2015年学院H自然科学研究投入产出全要素生产率的变化趋

势可得,其生产率的平均值是1.369 193,其中,最小值1.162 566,最大值1.724 511,由此可见,学院H的全要素生产率虽然也呈现出一种V型的变化发展趋势,但数值均大于1。这说明学院H科研投入产出的全要素生产率虽然同很多其他学院一样,也存在着一定程度的波动性,但是该学院的科学研究却始终处于持续发展状态。从学院H整体增长结构方面进行分析可知,其综合效率平均值是1,且始终保持不变,导致其发生变动的原因主要是该学院技术进步效率发生变动。

9. 学院I2011—2015年自然科学研究平均Malmquist指数及其分解状况

根据2011—2015年学院I自然科学研究投入产出全要素生产率的变化趋势中可得,其生产率的平均值是1.085 353,其中,最小值0.349 684,最大值1.831 373,呈现出明显的起伏和上下波动变化,且振幅激烈。这说明学院I在全要素生产率变化方面具有上下波动的显著特征,学院的科学研究处于较高程度的不稳定状态。从学院I整体增长结构方面进行分析可知,其综合效率平均值是0.985 355,最小值0.430 804,导致其下降的主要因素是该学院在纯技术效率和规模效率两方面的数据均呈下降态势。

10. 学院J2011—2015年自然科学研究平均Malmquist指数及其分解状况

根据2011—2015年学院J自然科学研究投入产出全要素生产率的变化趋势可得,其生产率的平均值是1.167 873,其中,最小值0.365 448,最大值2.076 792,其变化处于上下波动状态,且振幅激烈。这说明学院J的科研投入产出全要素生产率起伏明显,难以维持科学研究的持续和稳定进步。从J学院整体增长结构方面进行分析可知,其综合效率平均值是0.929 988,最小值0.458 968,导致其下降的主要因素是该学院纯技术效率下降。

11. 学院K2011—2015年自然科学研究平均Malmquist指数及其分解状况

根据2011—2015年学院K自然科学研究投入产出全要素生产率的变化趋势可得,其生产率的平均值是13.858 973,其中,最小值0.117 226,最大值39.673 446,呈现出显著的上下波动态势,且振幅较为激烈。这说明学院K的科研投入产出全要素生产率起伏明显,难以维持科学研究的持续稳定进步。

从学院K整体增长结构方面进行分析可知,其综合效率平均值是7.377 15,最小值0.111 336,导致其上升的主要因素是该学院在技术进步效率和规模效率两方面的数据均有大幅度的提高。

三、J大学人文社会科学研究绩效动态评价及分析

根据《中国普通高等学校本科专业目录(2012年版)》,人文社会科学主要涉及哲学、文学、史学、教育学、法学、经济学、管理学和艺术学8个学科门类。笔者对人文社会科学研究绩效的分析思路和自然科学研究绩效的相同。

J大学的人文社会科学包括了以上提及的所有8个学科门类。

(一)J大学2011—2015年度人文社会科学研究全要素生产率及其分解

这里采用Malmquist指数法对J大学前12个以人文社会科学研究为主的学院(以学院1~学院12表示)的科研投入产出效率进行动态的纵向分析,总结其动态变化的特征并进行评价,分析的时间跨度为2011—2015年。利用Max-DEA Ultra 6.18软件,得到J大学前12个人文社科类学院5年内人文社会科学科研投入、产出率的动态特征值——技术效率变动指数(TECH)、技术进步效率变动指数(TECHCH)、纯技术进步变动指数(PECH)、规模效率变动指数(SECH)、全要素生产率变动指数(TFPCH)。

1.J大学2015年人文社会科学研究全要素生产率及其分解状况

J大学人文社会科学研究投入产出的全要素生产率变化过程显示,2015年度,全要素生产率变化大于1的占较大比例,共有7个学院,说明这些学院的科研投入产出全要素呈上升态势。其中,学院9的提升幅度为791.67%,居所有人文社科学院之首。全要素生产率变化小于1的有5个学院,显示出这些学院的科研投入产出全要素生产率呈下降态势。其中,学院7下降了100%,下降趋势最为明显;另外,学院8、学院11、学院1分别下降了39.20%、38.44%、30.22%,下降幅度比较明显。在全要素生产率变化大于1的7个学院中,其增长的主要因素首先为这些学院技术进步率的增长,其次为规模效率的提升。另外,有4个学院纯技术效率没有变动,有3个学院纯技术效率得到提高,唯有学院3规模效率略有下降。

J大学人文社会科学研究投入产出的全要素生产率变化分解指数数据显示,2015年度,在纯技术效率变化方面,有3个学院的纯技术效率变化大于1,有4个学院纯技术效率变化等于1,其余的5个学院纯技术效率变化小于1,呈现出技术效率下降的特征,占J大学人文社科学院的41.67%;在技术进步变化方面,有9个学院的技术进步变化大于1,而另外的3个学院技术进步变化小于1,呈现出技术衰退现象,占J大学人文社科学院的25%;从综合效率变化方面来看,有5个学院综合效率变化大于1,有2个学院等于1,其他5个学院出现了组织管理水平下降,占J大学人文社科学院的41.67%;从规模效率变化数据来看,有4个学院的规模效率变化大于1,有2个学院等于1,其他6个学院则出现了规模效率下降,占J大学人文社科学院的50%。需要特别指出的是,学院7科研投入产出效率为0。

2. J大学2014年人文社会科学研究全要素生产率及其分解状况

J大学人文社会科学研究投入产出的全要素生产率变化过程显示,2014年度,全要素生产率大于1的学院有6个,说明J大学一半的人文社科学院科研投入产出全要素呈上升态势,其中,学院7的提升幅度为199.69%,居所有人文社科学院之首。全要素生产率变化小于1的有6个学院,显示这些学院的科研投入产出全要素生产率呈下降态势,其中,学院12、学院11下降的趋势最为明显,两个学院的全要素生产率分别下降了36.60%和20.20%。全要素生产率大于1的6个学院中,其增长的主要因素首先为技术进步效率的提高,其次是纯技术效率的提高。

J大学人文社会科学研究投入产出的全要素生产率变化分解指数数据显示,2014年度,在纯技术效率变化方面,有3个学院的纯技术效率变化大于1,有5个学院的纯技术效率变化等于1,其余的4个学院纯技术效率变化小于1,呈现出技术效率下降的特征,这4个学院占J大学人文社科学院的33.33%;在技术进步变化方面,有10个学院的技术进步变化大于1,其他2个学院技术进步变化小于1,出现了技术衰退现象,占J大学人文社科学院的16.67%;从综合效率变化方面来看,有4个学院综合效率变化大于1,有2个学院等于1,其他6个学院出现了组织管理水平下降,占J大学人文社科学院的50%;从规模效率变化数据来看,有4个学院的规模效率变化大于1,有2个学院等于1,其他6个学院小于1，出现了规模效率下降趋势，占J大学人文社科学院的50%。从以上数据来看，2014年度的整体状况略差于2015年度。

3. J大学2014年与2015年人文社会科学研究全要素生产率状况比较分析

2015年度，J大学人文社科学院中有7个学院的科研投入产出全要素生产率增长幅度大于1，而2014年度有6个学院增幅大于1，全要素生产率增长的学院增加16.70%。2014年度生产率增幅大于1的6个学院中，除了学院3、学院4、学院10继续保持增长，其余3个学院的全要素生产率全面回落。2015年，学院5、学院6、学院10、学院12的科研投入产出全要素生产率获得提升，其增长的主要因素是这些学院技术进步效率的提高，同时，个别学院全要素生产率增长也有赖于纯技术效率和规模效率的提升，如，学院6的纯技术效率增长以及规模效率增长很明显，学院10规模效率有明显增长。在全要素生产率下降的学院中，学院1下降明显，且综合效率、技术进步效率均有下降。学院2有一定下滑，主要表现在综合效率明显下降，其中纯技术效率、规模效率均有不同程度的下降。学院8、学院11依然保持下滑态势，不过学院8在技术进步效率方面有所回升。非常意外的是，学院7在2015年各项指标均为0，需要特别关注。

（二）各学院人文社会科学研究投入产出效率平均Malmquist指数分析

利用MaxDEA Ultra 6.18软件，得到J大学以人文社会科学研究为主的12个学院2011—2015年度人文社会科学研究投入产出效率的Malmquist指数及构成。

1. 2011—2015年学院1人文社会科学研究平均Malmquist指数及其分解状况

从2011—2015年学院1人文社会科学研究投入产出全要素生产率变化趋势可得，其生产率的平均值是0.887 161，其中，最小值0.558 345，最大值1.186 815，呈现出一种倒V型的变化趋势，且2014—2015年有较大下滑。这说明学院1的全要素生产率存在着上下波动态势，该学院的科学研究未维持一种稳定发展的态势。从学院1整体增长结构方面进行分析可知，其综合效率平均值是0.946 407，最小值是0.785 356，导致其下降的主要因素为该学院在技术进步效率、纯技术效率、规模效率等三方面的数据均呈下降态势。

2. 2011—2015年学院2人文社会科学研究平均Malmquist指数及其分解状况

从2011—2015年学院2人文社会科学研究投入产出全要素生产率变化趋势可得,其生产率的平均值是1.053 305,其中,最小值0.414 302,最大值2.130 148,2011—2014年持续上升,2014—2015年又有较大下滑。这说明学院2的2014—2015年全要素生产率存在较大问题。从学院2整体增长结构方面进行分析可知,其综合效率平均值是0.924 261,最小值0.682 573,导致其下降的主要因素为该学院在纯技术效率、规模效率两方面的数据均呈下降态势。

3. 2011—2015年学院3人文社会科学研究平均Malmquist指数及其分解状况

从2011—2015年学院3人文社会科学研究投入产出全要素生产率变化趋势可得,其生产率的平均值是1.046 993,最小值0.963 744,最大值1.191 790,呈现出一种微波动变化发展的趋势,且2012—2013年相对较低。这说明学院3在全要素生产率变化方面上下起伏不大,该学院的科学研究基本上处于一种稳定发展的状态。从学院3整体增长结构方面进行分析可知,其综合效率平均值是0.898 811,导致其上升的主要因素为该学院技术进步效率的上升。

4. 2011—2015年学院4人文社会科学研究平均Malmquist指数及其分解状况

从2011—2015年学院4人文社会科学研究投入产出全要素生产率变化趋势可得,其生产率的平均值是1.227 126,其中,最小值0.758 443,最大值1.499 229,呈现出一种倒V型变化发展的趋势,且2011—2012年相对较低。这说明学院4在全要素生产率变化方面显示出一定的增长性,但该学院的科学研究仍然不够稳定。从学院4整体增长结构方面进行分析可知,其综合效率平均值是1.020 409,显示该学院后期增长力比较强,导致其上升的主要因素为该学院在技术进步效率、纯技术效率、规模效率等三个方面的数据均呈上升态势。

5. 2011—2015年学院5人文社会科学研究平均Malmquist指数及其分解状况

从2011—2015年学院5人文社会科学研究投入产出全要素生产率变化趋势可得,其生产率的平均值是1.091 732,其中,最小值0.880 653,最大值1.499 935,呈现出明显的上下波动趋势,且振幅比较激烈。这说明学院5在全要素生产率方面具有较大的波动,该学院的科技发展未处于一种持续稳定的状态。从学院5整体增长结构方面进行分析可知,其综合效率平均值是1,且始终保持不变,导致其变动的主要因素为该学院的技术进步效率发生变动。

6. 2011—2015年学院6人文社会科学研究平均Malmquist指数及其分解状况

从2011—2015年学院6人文社会科学研究投入产出全要素生产率变化趋势可得,其生产率的平均值是1.498 942,其中,最小值0.910 410,最大值2.709 851,呈现出一种上下波动态势,且2013—2014年度全要素生产率跌至1以下。这说明学院6在全要素生产率变化方面具有较大的波动,该学院的科学研究未处于一种持续稳定的状态。从学院6整体增长结构方面进行分析可知,其综合效率平均值是1.346 319,最小值0.708 366,导致其上升的主要因素为该学院在技术进步效率、纯技术效率、规模效率均等三方面的数据均为上升态势。

7. 2011—2015年学院7人文社会科学研究平均Malmquist指数及其分解状况

从2011—2015年学院7人文社会科学研究投入产出全要素生产率变化趋势可得,其生产率的平均值是1.133 499,其中,最小值0,最大值2.996 930,呈现出较为明显的上下波动态势,且振幅激烈。这说明学院7在全要素生产率变化方面具有较大的波动,该学院的科学研究未处于一种稳定的状态。从学院7整体增长结构方面进行分析可知,其综合效率平均值是1.008 497,最小值为0,导致其发生变动的主要因素为该学院在技术进步效率、纯技术效率、规模效率等三方面的数据均呈激烈变动态势。

8. 2011—2015年学院8人文社会科学研究平均Malmquist指数及其分解状况

从2011—2015年学院8人文社会科学研究投入产出全要素生产率变化趋势可得,其生产率的平均值为0.835 163,其中,最小值是0.376 348,最大值是1.439 791,呈现出一种倒V型态势。这说明学院8在全要素生产率变化方面具有较大的波动,该学院的科学研究未处于一种稳定的状态。从学院8整体增长结构方面进行分析可知,其综合效率平均值是0.908 294,最小值0.539 544,导致其下降的主要因素为该学院在技术进步效率和规模效率两方面数据呈下降态势。

9. 2011—2015年学院9人文社会科学研究平均Malmquist指数及其分解状况

从2011—2015年学院9人文社会科学研究投入产出全要素生产率变化趋势可得,其生产率的平均值是3.029 964,其中,最小值0.690 146,最大值8 916 712,呈现出一种V型变化发展态势,且变动剧烈。这说明学院9在全要素生产率变化方面具有较大的波动,该学院的科学研究未处于一种稳定的状态。从学院9整体增长结构方面进行分析可知,其综合效率平均值是1.193 542,最小值0.634 409,导致其上升的主要因素为该学院的技术进步效率、规模效率均上升。

10. 2011—2015年学院10人文社会科学研究平均Malmquist指数及其分解状况

从2011—2015年学院10人文社会科学研究投入产出全要素生产率变化趋势可得,其生产率的平均值是1.094 039,其中,最小值0.536 441,最大值1.833 315,呈现出持续上升发展的趋势,且2014—2015年全要素生产率上升至1.8以上。这说明学院10的全要素生产率渐显活力,学院的科学研究速度逐渐提升。从学院9整体增长结构方面进行分析可知,其综合效率平均值是1.012 889,最小值0.895 626,导致其上升的主要因素为该学院的技术进步效率、规模效率提升。

11. 2011—2015年学院11人文社会科学研究平均Malmquist指数及其分解状况

从2011—2015年学院11人文社会科学研究投入产出全要素生产率变化趋势可得,其生产率的平均值是0.826 017,其中,最小值0.615 636,最大值1.146 629,呈现出一种倒V型变化发展态势,但后期下降明显。这说明学院11在全要素生产率变化方面具有较大的波动,该学院的科学研究未处于一种稳定的状态。从学院11整体增长结构方面进行分析可知,其综合效率平均值是0.870 586,最小值0.703 016,导致其下降的主要因素为该学院在技术进步效率、纯技术效率、规模效率等三方面的数据均有下降。

12. 2011—2015年学院12人文社会科学研究平均Malmquist指数及其分解状况

从2011—2015年学院12人文社会科学研究投入产出全要素生产率变化

趋势可得,其生产率的平均值是 1.022 866,其中,最小值 0.633 746,最大值 1.489 282,呈现出一种 V 型变化发展态势,而且后期上升明显。这说明学院 12 在全要素生产率变化方面具有较大的波动,该学院的科学研究未处于一种稳定的状态。从学院 12 整体增长结构方面进行分析可知,其综合效率平均值是 1.114 869,最小值 1,导致其上升的主要因素为该学院的纯技术效率、规模效率均有上升。

第三节 基于标杆管理和DEA方法的标杆树立与追随研究

标杆管理法在世界各地被各行业广泛应用。该方法在 DEA 方法的基础上,将一所高校的科研绩效进行详尽的剖析,旨在采取富有针对性的改进措施,以进行提升,并且通过在分析中发现的先进典型,就其经验作方向性的指引,以达到强化学习效果、推动学校及内部各学院发展的目的。已有的经验已经证明,标杆管理能够促进组织有效管理以及提高组织竞争力,同样能够促进高校的有效管理和提高高校科研绩效。

一、标杆管理的内涵

(一)标杆管理的界定

标杆管理的理念和方法发展于 20 世纪 80 年代初,早期在企业管理领域被应用。标杆管理也被称作为标杆制度、标杆分析企业标杆、竞争基准、基准设定等。"标杆"最初的含义是在测量时作出的标记,后来其外延为基准或参考点。在标杆管理中,"标杆"指某个组织建立的绩效标准或水准,用以进行组织绩效管理或实施组织绩效评价。这个标准有两个层面的含义,一方面是指某个组织目前已达到的最高标准,另一方面指该组织在将来能够达到的更高层次的标准。标杆管理已经被视为当今社会一种简单直接的管理理念与方法,因此该管理方法与理念不但在各企业组织内得到广泛应用,而且在政府部门中也渐渐被推广应用。

一般来说,标杆管理是指组织通过确立标杆,然后将标杆的示范性推广到组织的各个部门,从而提升组织的绩效。帕特里夏·基利(Patricia Keehley)等人为:最佳实践就是好于你现在的做法的实践,最佳实践是一种受到奖励的成功之举。在企业内部具体来讲,标杆管理就是指企业寻找行业内外的一流企业,将其确定为"标杆",将本企业与标杆企业进行对比分析,并分析与标杆企业产生差距的具体原因,据此制定本企业的计划和目标以赶超标杆企业,最终实现本企业绩效水平的大幅提高。综上可知,标杆管理就是一种寻找标杆、分析差距、学习优势、确立追赶目标、学习标杆的优点、提升组织绩效的管理方法。在具体实施中,标杆管理既是组织为提升绩效所实施的行动,又是组织的管理工具。

(二)标杆管理的特征

标杆管理方法不仅提高了组织绩效,也使绩效评估方法发生了相应变化。具体体现在以下四个方面。

第一,绩效评估标准发生变化。标杆管理是把行业内外部最佳实践作为绩效评估的目标或参考目标,突破了传统意义上的评估标准。传统的组织绩效评估往往是在行业内部进行纵向比较,以时间为轴对比本行业不同时期内的绩效情况,具有明显的范围局限性。标杆管理方法则突破了传统绩效评估方法的局限,更强调寻找行业外部的最佳实践,将其作为基准目标,与本企业进行对比分析,这种评估标准拓展了组织绩效评估的范围。

第二,绩效评估指标发生变化。绩效评价的指标就是标杆管理中的"标",即能够反映组织绩效的基准数据。这些基准数据可能是经济性指标,也可能是非经济性指标。传统的绩效评估体系主要考察经济指标,缺乏对其他指标的评估,这种评估指标的单一性限制了绩效评估有效性。标杆管理方法在评估指标方面更为全面,注重评估指标的多元性,不仅关注经济指标,而且将社会管理、公共服务以及危机处置等指标都纳入其中,能够对组织绩效进行更为全面的考察。我国内地学者也尝试在高校管理领域应用标杆管理理论,如赵耀华对标杆管理理论在我国高校如何运用进行了探索,提出了高校应用标杆管理的五个阶段的工作程序;梁德军对标杆管理的特点及功能进行了介绍,认为标杆管理是提高高校管理绩效的有效策略;王峰论述了标杆管理在高校科研管理工作中的应用,提出了标杆管理在科研管理中的实施流程和应用模式。

第三,绩效评估方法发生变化。在标杆管理方法中,完成每一个阶段后都会将实施效果与确立的标杆组织进行对比分析,寻找与标杆之间的差距,对这一阶段的实施情况进行总结,并据此调整后续工作的计划及目标,最终实现追赶标杆组织的目标。由此可见,标杆管理方法融合了比较与评估这两种方法,在评估时运用比较的方法,评估结果又会推动更高层次的比较。

第四,绩效评估程序发生变化。标杆管理方法不是一次性过程,而是强调不断学习的过程,每一轮的学习都要对标杆目标进行重新检验,或者重新寻找"最佳实践",即新的标杆目标。从这个层面来说,标杆管理方法扩展了绩效评估的多阶段程序,每一次的评估结束既是一个终点,同时也是一个新的起点。强调标杆管理的持续性过程,"标杆目标"重新确定并不断升级,使评估过程呈现出一种循环进行的动态特征。

(三)高校标杆管理的含义

关于高校标杆管理的概念,学界也没有形成完全一致的认识,通过梳理文献,学界对高校标杆管理的界定主要有以下几种观点。

大多数学者主要从"过程"角度,结合传统"标杆管理"的概念,解读"高校标杆管理"概念。坎贝尔(Campbell)和罗森亚(Rozsnyai)在探讨高等教育质量问题时认为,在高等教育领域中标杆管理是对某个组织确定的目标实际运行质量进行评估的过程,也可以理解为组织确定标杆目标并学习标杆目标成功实践的过程。也有学者认为,在高校系统中通过高校标杆管理这个过程,高校或高校的某个项目、教师,以及高校相关部门,均可在这个过程中确定标杆目标,对照标杆目标的相关数据,分析比较和监测自身的绩效情况,在此基础上提升绩效水平。此外,国外有的教育部门也对高校标杆管理概念进行了详细的解读,例如,欧洲教育和科学部公立音乐学院联合会在指出该概念是一个明确目标、实现目标的过程的同时,还特别强调这个过程在某一特定学位授予方面的作用。哈维(Harvey)虽然也承认高校标杆管理概念的核心是一个"过程",但是他在此基础上进行了更为深入的探讨。一方面,他特别提出了高校或高校的某个部门在这个过程中"投入和产出比"的问题;另一方面,他也强调这个过程的"持续性",认为高校标杆管理这个过程是一个与标杆目标不断进行比较和促进自身绩效提升的"持续的过程"。

除了从"过程"这个角度对高校标杆管理概念进行解读,还有学者认为高校标杆管理是一种"方法"。如格鲁伯格(Griinberg)和帕里(Parlea)认为,应该将高校标杆管理视为一种标准化方法,这种方法主要针对组织间或项目间的绩效情况进行对比和分析,从中确立最佳实践,分析绩效优劣的原因。

经过概念比较,笔者采用哈维的高校标杆管理定义。

二、标杆管理的分类与应用程序

（一）标杆管理的分类

一般而言,标杆管理可进行如下分类。

1. 内部标杆管理

以企业内部最佳实践作为标杆,通过内部信息沟通和交流,将最佳实践推广到组织的其他部门。

优点:简单易操作,企业内部信息共享,获取的信息最完整。

缺点:过分集中在本企业内,易产生封闭思维。

适用范围:大型多部门企业集团。

2. 竞争标杆管理

以竞争对象的产品、服务和工作流程等方面的最佳实践作为标杆,通过对比,发现自身不足,直面缺点并追赶竞争者。

优点:具有很强的针对性,取得成功把握大,成效快。

缺点:关于其他竞争企业的信息不易获得。

适用范围:竞争不太激烈的市场之中。

3. 功能标杆管理

以行业领先者或某些企业的最佳实践为基准进行的标杆管理。

优点:由于没有直接的竞争关系,行业领先者或合作者往往较愿意提供和分享技术与市场信息。

缺点:费用高。不同的企业和组织之间存在着差异性,即使是同一行业的企业之间也存在着差异;标杆企业的管理模式可能并不适合所有企业,因此有时难以规划。

适用范围:拥有相同或者相似运作环节的组织间。

（二）标杆管理在高校科研中的应用程序

标杆管理作为一种有效的绩效评估工具,于20世纪90年代开始在国外高等教育领域应用。很多美国高校都进行了大范围的标杆管理活动,并将标杆管理方法应用到学校教学、科学研究、商业管理等方方面面。标杆管理在高校科研中的应用程序主要包括以下五个方面。

1. 确定标杆管理内容

首先,全面审视高校科研工作的各个环节和各个方面,以改进和提高科研绩效为工作目标,明确高校科研效率的任务;其次,根据科研效率任务找出自身症结所在,并分析问题存在的原因,明确影响或制约学校发展的因素;最后,根据高校自身发展状况以及发展目标,确定标杆管理的核心内容。

2. 选择"基准"目标

高校或高校某个部门确定了自身标杆管理的核心内容之后,就要选择"基准"目标,即前文所述标杆管理的"标杆",也就是高校或高校某个部门将要学习和赶超的对象,这个目标对象既可以是高校内部的绩效最优的"最佳实践",也可以选择高校外部的最佳组织。

3. 分析差距和原因

经过确定标杆管理内容、选择标杆管理基准目标这两个步骤之后,标杆管理进入"分析差距和原因"这一重要阶段。在这一阶段,一方面要广泛收集标杆管理主体与标杆目标的各方面数据;另一方面,要对这些数据进行深入细致的对比分析,寻找标杆管理主体与标杆目标之间的差距,并剖析存在差距的原因,为下一步制定绩效目标奠定基础。

4. 制定计划并组织实施

经过比较和分析后,标杆管理主体要根据比对分析的结论,制定赶超标杆目标的计划,这也是标杆管理过程中非常关键的环节,计划制定得是否科学合理可行,直接影响着标杆管理主体绩效目标的实现度。另外,在具体组织实施赶超标杆目标计划的过程中,也需要适时进行调整,实施过程中要及时解决发现的问题,不断完善和修正赶超标杆目标的计划。

5. 循环实施标杆管理

标杆管理是一个循环过程。每一轮学习、评估、赶超过程的结束,同时也是另一轮过程的起点。经过这一轮的学习评估,如果标杆管理主体没有能够赶超标杆目标、提升自身绩效水平,就可以经过调整之后开启新一轮的学习评估;如果达到了预期的目标,就可以重新确定更高一级的标杆目标,不断提升自身绩效,从而实现不断循环升级的动态发展。

三、基于DEA方法的标杆树立研究

(一)标杆的初步选择

运用标杆管理的目的是赶超"标杆",它是瞄准优秀组织的优势和特点对照自身不足,进行自我改进或完善,最终实现自身持续发展的管理过程。运用标杆管理方法首先要确定组织内外的业绩最佳者,并将其确立为"标杆"。

结合标杆管理方法和DEA方法,在J大学内部确立标杆,即在自然科学学院和人文社科学院中分别寻找科研绩效最优者,通过逐一对比分析每个学院的科研投入产出数据,将数据最优者确立为标杆学院,分析找出标杆学院在科研管理中的经验与特色,从而带动其他学院向标杆学院看齐,提高绩效。在本研究中,我们已经使用DEA方法分析得出了自然科学学院和人文社科学院中的综合效率最佳的学院,即J大学自然科学研究投入产出效率最佳的C学院、H学院和人文社会科学研究投入产出效率最佳的学院5。

为了验证DEA方法分析所获得的结果,笔者采取访谈和案例分析的方法对相关学院进行了进一步的考察。

1. 学院C——J大学的龙头学院

学院C是J大学办学历史最长的学院。在学科建设方面,学院拥有国家级特色本科专业,设有博士学位点、博士后流动站和材料科学与工程一级学科硕士学位点。在科研方面,学校设有教育部工程研究中心、省建筑材料制备与测试技术重点实验室等7个省部级科研平台,在先进建筑材料、纳米功能材料、新能源材料、有色金属及复合材料、树脂基复合材料和电子材料方向具有鲜明特色。学院C作为J大学的支柱学院,注重学科的建设和人才的发展,打造一流学科,建设学校直属的独立研究平台,率先实现教师的博士化,并充分发挥学科带头人的引领作用,围绕学科领军人物建设一流的科研创新团队,注重团队协同攻关,打造高水平的科研平台,致力于培养人才、收获成果。

截至2015年末,学院具有博士学位的教师69人,占专任教师的86%,形成了一支以中青年教师为骨干力量的高水平科研队伍。在科研队伍建设上,重点投入强化建设,尤其在人才待遇方面,采取事业留人、感情留人、待遇留人的宗旨,且设置特殊岗位,稳定学科的骨干队伍,吸引高层次人才。在学科建设上,紧紧抓住学校改革和发展的龙头不放松,增设新的学科门类,学科设置过程中强调由单一学科向多元学科转变。在学科结构方面,强调混合学科、交叉学科相互之间的融合、共促、共生,在这一理念指引下,结合水泥陶瓷等传统材料的优势,促进材料学科和生物能源材料的交叉。在管理体制上,明确责任人制度,建立科层组织与矩阵结构相结合的管理体制。在学科功能上,走人才培养和科学研究、社会服务一体化的道路,把教育与科研、行业生产等活动和资源有效地整合起来。

2. 学院 H——J 大学的重点发展学院

学院 H 是 J 大学的主要二级学院之一,是省名校建设工程的重点专业建设单位,入选教育部卓越工程师教育培养计划,机械工程专业是国家级特色专业,机械制造及其自动化学科、机械电子工程学科是省重点学科。学院拥有 J 大学工程训练中心和机械工程实验中心,拥有两万余平方米的实验楼和实训基地,并设有国家级工程实践教育中心。学院 H 面向社会服务,会同工程训练中心的建设,致力于技术与成果的应用和专利的发明创造,致力于"卓越工程师"培养和"人才培养创新实验区"建设,在学科建设的基础上,将理论与实践相结合,形成自己的优势与特色。

学院拥有一支以省教学名师、省有突出贡献中青年专家、省高等学校重点学科(重点实验室)首席专家和省级教学团队为核心的高水平教学科研队伍。学院具有博士学位的教师为 59 人,接近专任教师人数的 70%。学院 H 承担了国家科技重大专项计划项目、国家 863 课题、国家创新方法推广研究项目等课题。在科研管理上,学院实施精细化管理,并对硕导和博导制定"摸高"式的考核目标,科研用房分配与科研指标挂钩。在学科建设方面,基于十年规划制定了学科主干方向和培育方向,并将人、财、物向主干方向集中,凝聚科研力量,不断推进学科发展。

3. 学院 5——J 大学的重点发展学院

学院 5 是 J 大学重点建设的学院之一,拥有政治学、社会学、公共管理等多个学科,拥有社会学一级学科硕士点、思想政治教育和马克思主义基本原理等二级学科硕士点和公共管理专业硕士学位点(MPA),拥有省级人文社科研究基地。学院具有博士学位的教师 39 人,占专任教师的 67%。2011—2015 年期间,学院获得含全国高等学校科学研究优秀成果奖、省社科优秀成果一等奖、民政部科研成果奖在内的省部级及以上奖励近20项,获得国家级项目10余项、省部级项目40余项,发表学术论文600余篇。学院5从引进"学科领军人物"出发,赋予其学院管理的重责,全面创新学院管理,实现人才引进与培养并举,组建学科团队,注重学科发展,打造社科研究基地,实施全员科研管理,形成"人人进团队,个个有研究"的科研管理架构,促进学院学科建设的快速健康发展。

在科研管理方面,学院依托学科建设规划,建立科研与学科建设相互促进的机制,强化多学科交叉的科研团队建设,出台学院科研团队建设及管理办法,细化科研服务,举办"国家社科基金项目申报动员会/论证会/经验分享会",绘制"学院博士/在读博士教师承担课题一览表""学院教师年度教育部/国家课题申报条件一览表",富有针对性地推动科研工作有效开展,涌现出省有突出贡献的中青年专家、省优秀教师、省社科学科新秀等一批高水平人才。

(二)自然科学研究标杆学院的确立与验证

1. 投入数据变动检验

在实际的研究过程中,所取得的科研产出与其对应的投入有一定的时间异步性,即科研产出相对于其投入来讲有一定的时间滞后性。根据自然科学研究成果取得的特性,其成果的取得与最初的投入可以间隔2～4年。实际上,在最初取得科研经费时,为了相关项目立项,进行了大量的前期研究,已经有了相应的科研积累。我们假设:第3年成果的取得是基于70%的第1年人员投入和30%的第2年人员投入,以及50%的第1年经费投入、30%的第2年经费投入和20%的当年经费投入。

2. 投入指标变动检验

通过对高校开展科学研究的诸项活动进行分析,可以看出,高校在自然科学研究方面投入/产出的指标数量比较多,但是,我们在构建DEA模型时,不能不加甄别地全盘接收,必须对这些投入/产生指标进行科学筛选。指标是否选择准确会直接影响分析结论的准确度。在进行指标体系设计时,除坚持指标选择的一般性原则外,如要兼顾指标的导向性、科学性、可获得性、可比性等,还需注意避免以下两个因素,一是各类指标不能具有较强的相关性;二是DEA方法要求评价对象的数量要足够多,至少要达到确定的投入产出指标之和的两倍。

在人力资源方面,具有高级职称和博士学位的教师数量可作为投入指标。在科研经费方面,来自不同部门、不同系统的科研经费均可作为投入指标。但是,当年来源于各渠道的科研经费并不是全部都用在同年度的科研活动中。因此,对科研经费的投入指标必须进行限定,应该选择高校当年实际用于科研活动的支出数据作为投入指标,包括科研劳务费、业务费、管理费等。

3. 产出指标变动检验

在科研产出方面,不能仅仅选取科研成果的数量作为产出指标,而是应该选取那些能够体现科研成果质量的指标。笔者筛选出的产出指标如下:国内外刊物发表高水平论文数、获得省部级以上科技奖励数、成果鉴定数以及专利授权数。

为了产出指标变动检验,在已有产出指标的基础上,增加了成果鉴定数这项指标。

(三)人文社会科学研究标杆学院的确立与验证

1. 投入数据变动检验

在实际的研究过程中,所取得的科研产出与其对应的投入亦有一定的时间异步性,即科研产出对于其投入来讲有一定的时间滞后性。根据人文社会科学研究成果取得的特性,其成果的取得与最初的投入可以间隔2~4年。实际上,在最初取得科研经费时,为了相关项目立项,为了进行了大量的前期研究,已经有了相应的科研积累。为了不失一般性,我们假设:第3年成果的取得是基于70%的第1年人员投入和30%的第2年人员投入,以及50%的第1年经费投入、30%的第2年经费投入和20%的当年经费投入。

2. 投入指标变动检验

对高校开展的诸项科研活动进行分析可知,在人文社会科学研究领域,高校的科研投入/产出指标非常多,我们需要对这些指标进行科学的筛选,选择那些准确的投入/产出指标,将其纳入DEA模型中进行分析。筛选指标过程中一方面要坚持导向性、科学性、可比性、可行性四项原则;另一方面要兼顾以下两个因素:一是要避免数据之间的强线性相关性,二是决策单元的个数至少要近似于投入产出指标数目之和的2倍。

在人力资源方面,具有高级职称和博士学位的教师数量可以成为投入指标。在科研经费方面,人文社会科学的科研经费来源具有多元化,来自不同渠道、不同类别的研究经费都可以作为科研投入的指标。但是,这些渠道多元、类别多元的科研经费不是完全用于经费下达年度的研究活动。因此,对人文社会科学科研经费投入指标的选择应该进行限定,选择当年科研活动的实际科研经费支出作为投入指标,包括科研劳务费、业务费、管理费等。

四、标杆管理的追随研究

根据DEA计算结果,可以进一步分析出J大学自然科学研究DEA有效院系的规模效率。2014年,J大学自然科学研究DEA有效学院有7个,剩余4个非DEA有效学院也处于规模递增状态。对比2014年及其前后年份综合效率的变动情况看,DEA有效学院中,有5个学院处于最佳状态,而学院C、学院D呈现规模效率递增态势。2015年,J大学自然科学研究DEA有效学院有4个,其中,学院C、学院D依然处于最佳状态,而学院C、学院D2014年度的综合综合效率分别为2015年度效率的94.59%和88.91%;学院H虽然依然是DEA有效学院,但其2014年度的综合效率仅为2015年度综合效率的1.53倍,针对其投入规模来说,综合效率是下降的,有被其他学院超越的危险。剩余7个非DEA有效学院中,有6个学院处于规模递增状态,只有学院G处于规模递减状态。

根据DEA计算结果,可进一步分析出J大学人文社会科学研究DEA有效院系的规模效率。2014年,J大学人文社会科学研究DEA有效学院有5个,剩余7个非DEA有效学院中,有5个学院处于规模递增状态,有2个学院处于规模递减状态。对比2014年及其前后年份综合效率的变动情况,DEA有效学院中,学院1、学院5处于最佳状态,而学院2、学院7、学院12呈现规模效率递增态势。2015年,J大学人文社会科学研究DEA有效学院有6个,除学院5、学院12依然保持DEA有效之外,学院4、学院6、学院9、学院10也加入DEA有效学院中来,超越了学院1、学院2和学院7。其中,学院12依然处于最佳状态,其2014年度综合效率为2015年度综合效率的74.71%;学院5虽然依然是DEA有效学院,但其2014年度综合效率仅为2015年度综合效率的1.24倍,针对其投入规模来说,综合效率呈下降态势,有被其他学院超越的危险。剩余6个非DEA有效学院中,有4个学院处于规模递增状态。其中,学院2未达到DEA有效,其2014年度综合效率为2015年度综合效率的74.71%,2015年度的实际综合效率仅为综合效率的68.3%,说明其投入相对过度,产出不够理想,且其投入为低水平投入,技术状态也出现退化,科研管理是失败的。学院1处于规模递减状态,其2014年度综合效率为2015年度有效效率的1.45倍,2015年度的实际综合效率仅为有效效率的78.5%,说明其投入太过,产出不理想,且其投入为低水平投入,纯技术效率仅为0.786,技术状态出现严重退化,科研管理亦是失败的。更有甚者,如学院7科研产出为0,科研管理全面失败。总的来说,科研管理伴随着风险,必须殚精竭虑,精细运作,才能推进科研水平和科研绩效的不断提升。

由以上数据分析可知,J大学各个学院需要有针对性地进行规划。对于非DEA有效但处于规模递增状态的学院,需要进一步增加投入,且需要精心安排,精细运作,以提高这些学院的投入产出效率。对于非DEA有效但处于规模递减状态的学院,需要更新思想理念,加强管理,科学调配,遏制科研绩效下滑态势,促进科研水平恢复与提升。对于已处于DEA有效状态学院,需要继续保持,不断探索与积累经验,继续保持科研投入与产出的高效率。

通过DEA方法,在找出J大学DEA无效的学院与标杆学院间的效率差距后,各个学院应该基于标杆管理的主旨原则,采取相应的调整措施。特别是需要以标杆学院为目标,参考标杆学院的做法及成效,有针对性地制定各学院的科研投入产出效率提升计划。可以从以下几方面着手:①组织保障。学院成立科研投入产出效率工作小组,明确分工,责任到人,根据学院实际情况制定本学院提升科研绩效的工作计划。②深入调研。学院工作小组应该以标杆学院为对象,围绕该学院展开深入的调查研究,收集标杆学院的各种资料,包括科研投入、科研产出情况,以及标杆学院的人员状况、工作方式等方面的资料。③分析原因。在对标杆学院进行深入调研的基础上,根据本学院的科研发展状态,认真总结分析本学院与标杆学院在科研绩效方面存在差距的具体原因。④制定方案。明确了产生差距的原因之后,就可以据此制定本学院提升科研绩效的工作方案,在具体实施过程中应加强与各方的沟通交流,不断完善和优化工作方案。⑤循环管理,周期评估。针对学院提升科研绩效工作方案的实施状况,基于DEA模型对本年度学院科研投入产出效率进行评估,判断学院科研绩效的提升态势,进一步进行经验总结,在此基础上,重新选择目标学院作为学习标杆,从而进入到循环标杆管理过程,最终实现达到标杆或超越标杆的目的,形成"螺旋式提升"的发展态势,不断提升学院的科研绩效。

学院C、学院H、学院5作为标杆学院,多年来始终坚持自己的办学理念,利用自己的发展特色与建设风格,在具备学科发展的一般共性的基础上,解放思想,大胆创新,形成科学研究与学科建设的独特优势,并不断强化巩固,最终成为各学院学习与追赶的标杆。以标杆学院作为参考,笔者认为J大学的其他学院应做到以下几点。

第一,系统设计,整体把控,制度引导,管理促进。学校要把握科学研究、人才培养、学科建设三者之间的关联关系与内在发展规律,认清科学研究在人才培养、学科建设和社会服务等工作上的支撑与推动作用,从服务人才成长和人才需要的角度来开始进行规划,做好顶层设计,构建出能够推动科学研究健康快速发展的完善制度保障体系。一方面要秉承既有的好经验、好做法、好规划;另一方面又要不断创新工作理念、工作方法与工作机制,自觉把握科学研究的发展规律。在实际工作中,要增强科研管理的目的性与计划性,深入把握科学研究的重点领域、重点课题,力争获得国家级重大课题立项与标志性成果,实现学校科学研究的"弯道超越"。

第二,改进科研管理与激励手段,进一步激发学术活力,挖掘学术潜能。学校应立足于科研管理实践,完善科研管理的体制、机制建设,以科研团队和科研平台建设等工作为重点,多角度、全方位整体推进科学研究创新体系建设,营造更加科学、高效、和谐的学术环境。要引导教师跟踪学科前沿和社会实践的真问题、原问题,立足于提前论证,精心凝练,不断充实,提升课题命中率,同时要拓展学科覆盖面,从学科广度和覆盖面上再深挖潜力。要通过协同创新的方式建设团队协同攻关与个人自由探索并重的研究项目体系,统筹基础理论研究、应用对策研究,开展跨学科研究、综合研究和战略预测研究。要持续强化科研工作跨学科、跨学院、跨学校、由地方和企业参加的协同创新能力建设。

第三,实施"科研岗、教学科研岗、教学岗"分流政策,使教师能够舒心地从事自己所喜爱的工作。学校应按照"科研岗、教学科研岗、教学岗"的政策设计要求,对教师实施分流,使得科研业绩突出的教师能够专心致力于科研,教学业绩突出的教师能够将主要精力投入教学中,同时加大他们的工作力度,凸显"术业专攻"的放大效应,更好地激发广大教师的工作主动性与积极性。

第四,注重科研工作的分层发展与分级管理,实现管理的点面结合。分层发展即结合学校发展战略针对不同学科、项目、人群等分层次、分重点进行服务与保障;分级管理是按照任务性质、分工、职能等对学校、学院和个人赋予不同的职责。学校校聘岗教授等高水平专家在省部级以及重点、重大项目申报、选题征集、成果培育、平台建设等方面可得到更多的一对一跟踪服务;学校在重点关注高级别项目、高层次奖励和高水平专家的同时,可以将更多精力投入加强青年教师科研能力提升等基础性工作。

第五,加强项目研究的过程管理和结项管理,完成科研管理的"最后一公里"。把握高级别项目对于学校科研工作的学术导向性、学风引领性、评价标志性特点,推出更多的经得起时代和历史检验的优秀科研成果。这是科研管理的最根本目标,也是体现学术创新和学术繁荣的最重要标志。项目研究过程管理和结项管理是保证项目质量的关键环节,也是对项目经费使用、科研进展、成果产出、宣传推介、转化运用的及时跟进,同时也为项目完成施加紧迫感、压力感,从而加快项目完成周期。

五、结论与展望

（一）研究结论

DEA方法对于多投入多产出系统的分析是普遍有效的。通过研究发现,DEA方法不仅能够应用于多个相同或相近组织某一可比较行为或活动的绩效评价,而且在某一个组织内部,可以通过DEA方法就某一项管理活动的效果进行评价,并能进一步分析绩效差异的原因,从而对组织的内部管理与控制提供有效的帮助与支持。

《DEA+Malmquist指数分析+标杆管理》的组合方法具有普遍的应用推广价值。这种方法组合可以从静态、动态两方面对某一组织（或事物）发展的时点状况以及随时间演变的变动趋势进行有效而充分的揭示,并给出客观的质量评价,在此基础上,可以确立标杆并进行有针对性的改进与提升。

根据DEA方法所获得的结论具有良好的鲁棒性（即抗干扰能力）。遵循事物发展的连续性,依时间序列作适当的平滑处理（加权平均）,或者根据事物相关性所做的局部调整（增加或替换高相关性的指标）,对于处于生产前沿面上的最优状态的学院来讲,影响不够大,根据DEA方法所获得的结论具有强鲁棒性,结论依然不变。

通过对J大学各学院的评价研究,笔者获得了一系列有价值的线索与信息。发现了J大学各学院的科研绩效状态和演变趋势,对相关结论进行了归因分析,透过表面的状态数据找到了内在的问题症结,实现了问题的查寻与解剖,达到了分析研究的目的。

(二)存在的问题与未来展望

1. 存在的问题

笔者关于高校科研绩效的研究还停留在较为初级的层次。时至今日,高校科研管理已经进入精准管理、精细服务的时代。从历史的发展看,任何事物的研究通常采取定量研究与定性研究相结合的方法。没有定量的研究,事物的本源无法得到精准的揭示,其研究也无法达到科学的境界;而没有定性的研究,所获得的数据只是一些无机、苍白的堆砌,无法表明数据所带来的社会意义与现实应用价值,更无法揭示数据表象下的本质含义。笔者的研究囿于数据可采集性和事物本质可揭示性的限制,其分析还不能达到精准的时代要求。在现实的管理中,由于事物的纷杂与表征的异象,因而对人们活动或行为的管理多采用期末的目标管理,而较少地采用过程实时跟踪管理。在目标管理中,基于精力有限的状态,只是抓关键指标的完成,造成"眉毛胡子一把抓"的现象。因而,从管理实践中采集的可用于某一分析方法的数据比较少且不够全面系统,而且还存在着诸多应纳入表征指标体系的因素。由于难以量化或量化不到位而造成定量分析的数据质量有瑕疵,造成所获得的结论不够精准。

再者,科研活动具有创造性、复杂性、探索性等属性,不可控、不确定的因素比较多,有一定的随机性风险。每一项科研活动都表现出较强的独特性,给综合性、统一化的评价工作带来了较大困难,使得科研绩效科学化评价的工作还有很大的提升空间。目前DEA方法所采集的时点面板数据和时间序列数据是综合性的、点线性的非全面数据,所做的工作也只是相对的绩效评价,评价质量受所采集数据质量的影响。在DEA方法中,尽管在数据采集过程中尽量遵循其客观性的要求,但是人员投入质量的不均等、科研总经费中经费直接累加而导致的数据采集质量不高等现实问题也制约着评价的精准化,只不过目前对于科研人力投入中结合职称、年龄、学历、科研能力等方面权重的确定还未有统一的标准,科研项目中国家级、省级、厅级等项目人工赋权分值还"众说纷纭",要实现数据使用的科学化还需要在未来做进一步的努力。即使数据使用的科学化有进一步发展,DEA方法中综合投入/产出有量纲前提下的直接可加性也容易引起人们的质疑。虽然各指标前的投入/产出系数可以间接解决这个问题,但也需进一步探索其内在的问题以做更好的表征与解读。

另外,按科研管理精细化、精准化的要求,科研管理应直接面向每一个科研团队、每一个科研个人,而笔者研究还仅停留在院系层面。由于科研团队、科研个人的个性化特征,因而还需要组合其他有效的方法去剖析与阐释科研绩效评价。

2. 未来展望

高校科研是国家科技创新体系的重要组成部分,并持续发挥着重要的支撑作用。高校科研管理的精细化与科学化是时代所赋予我们当代人的重要职责。高校科研绩效管理作为高校科研管理的重要组成,高校科研绩效评价的研究需进一步加强,评价的方法也需进一步优化。根据研究对象的特点,随着实践中可采用数据的不断增多,可以将扎根理论(Grounded Theory, GT)中自下而上的归纳构建方法,以及人工智能网络中的自学习算法引入到相关研究中,将异化指标同质化处理的工作用层次分析法、模糊评判法、灰色系统分析法来处理,将主成分分析法用于绩效指标的处理与筛选,将结论判定的方法进行引入与创新,以适应绩效评价的需求。另外,在标杆管理的基础上,还可引入绩效管理的典型方法,如平衡记分卡、KPI关键绩效指标、PDCA循环,以加强有效管理,从而实现高校科研的精细化管理。

第六章 基于层次分析法的
高校科研管理绩效评价研究

第一节 基于层次分析法的高校科研管理绩效
评价指标体系构建

高校科研管理绩效评价体系是促进高校科研水平发展的重要因素,科研绩效评价的好坏直接影响高校有关科研决策的科学性和严谨性,同时也影响着科研申报的积极性和公平性。通过规范、科学的过程建立起来的科研绩效评估方法,一方面能帮助高校科研人员积极接受科研考评结果;另一方面依此制定的激励机制和考核指标可促使科研人员尊重考核内容,积极从事科研工作,对高校各级科研机构和科研工作者起到正面引导作用。

评价科研领域绩效的指标有可定量化的硬性指标,但实际工作中有很多指标很难量化。通过查阅文献发现,很多科研成果都是建立在定性评价基础上,也有部分将定性与定量评价相结合。但在高校科研管理的绩效评价和管理的其他方面,定量评价是大的趋势。

因此,本节首先介绍层次分析法(AHP)指标体系创建的原则、思路以及评价指标的设计要求等;然后以前人的科研管理绩效评价研究为基础,通过结合领域专家调研、咨询的意见确立绩效评价指标体系内容;最后详细地介绍层次分析法将指标体系量化的基本步骤和具体过程。

一、高校科研绩效评价指标的创建原则

(一)目标一致性原则

科学研究是我国高校重要职能之一,是实现国家与民族技术进步的重要力量。因此在设置高校科研绩效评价指标时,应该谨记科研的基本职能,保持科研方向与国家、社会的基本方向的一致性,促进确立科研服务于国家、服务

于社会和民族的基本目标。

（二）系统性与全面性原则

科研活动本身具有全面、系统和完善等基本特点，在考虑科研管理、科研活动时，对科研进行绩效评价的各类指标设置，就应该具有系统性、全面性，使指标设置能够全方位、多角度对科研效果进行评价。最好利用系统分析的方法，结合领域专家调查意见，使评价指标能够正确引导科研工作方向。

（三）科学性与可行性原则

绩效评价指标的选取要能够真实、准确且客观地反映科研的实际状况。第一，要使选取的评价指标具有清晰的表述和指向性，评价量纲方便选取与测量；第二，要注意选择的指标之间的相关性，科学分析指标，尽量消除指标之间的相互影响作用；第三，指标体系的设置应该做到层次清晰、评价过程明晰、易于理解和使用，且具有较强的可操作性。

（四）可比性与合理性原则

科研的领域广、范围大、对象多样，在指标设置时要使评价结果具有可比性，围绕不同属性的科研范围和科研对象，评价指标要能充分反映出对象所具有的共同属性，如考虑科研量纲的统一性、科研性质的文理工科的基本属性差异等，只有这样，评价指标才有一定的通用性和合理性。

二、高校科研绩效评价指标创建的思路

通过阅读同类主题文献后发现，有关高校科研评价指标体系的创建，多数是以科技统计指标体系为基础，经过多年的发展、补充、修正和完善，该套指标体系在评价尺度上具有较完整的时序性、系统性与灵敏性。笔者在吸收已有体系的基础上，对其进行指标的拓展、测量优化和创建。基本思路如下。

充分分析现有评价指标体系的系统性，扩展对绩效分析的研究范围；针对现有指标存在的指标模糊与作用重叠等问题，建立能适用一般绩效分析的、反映科研绩效总体与局部资源配置特点的指标体系，厘清科研绩效评价指标体系的类型结构与层次结构关系。

利用现有科研绩效评价指标体系的连贯性，加强对科研绩效的动态跟踪。指标创建上要满足两种科研绩效评价要求，一是要满足对科研资源投入的动态管理上的绩效测量要求；二是要满足科研资源分配过程中的绩效测量要求。

在现有科研绩效评价指标体系的基础上,注重指标之间的内在关联性,加强指标分析与释义上的规范性、严谨性与通用性。

三、高校科研绩效评价指标的设计要求

评价指标是依据被评估对象的目标要求所选定和设计的一组属性,确定评价指标后,对评估对象的绩效评价就转换成这些设计出的可直观、可测量、可考察的属性。创建完备清晰的评价指标是科研绩效评价的基础。完备、清晰的评价指标应该是客观、不受条件约束与干扰的,在科研绩效评价上,选取正确有效的核心绩效指标非常重要。核心绩效指标是用于评估和沟通评估对象绩效定量化和行为化的关键内容,因其具有客观、容易理解和量化等特点,而受到管理者的好评。高校科研管理核心绩效指标的创建,不仅要从高校科研从属国家创新职能的战略目标出发,考虑指标的评价过程、评价结构和评价反馈,还要经过相应的测试,以保证核心绩效指标的客观、兼容与量化等特点。在设计高校科研绩效评价指标时,应满足以下要求:评价指标能反映评估对象和目标;评价指标有权重差异;评价指标具有较严格的科研适应性;评价指标的选取具有客观性和权威性;评价指标能方便依此做出判断和评价;评价指标具有延续性。

四、高校科研管理绩效评价指标体系的确立

企业科研管理绩效核心评价指标是从R&D(研究与发展)组织与企业投入的视角,按照指标对组织的重要程度进行设计的指标体系。科研评价指标体系一般可以分为科研基础、成果转化活力和财务管理等一级指标,每个一级指标又可以分为若干个二级评价指标,这些指标构成了企业科研绩效评价的完整模型。其中,科研基础可分为科研论文、科研论著、科技人员获奖率、人均科研资金等,从科研人员能力和科研物质方面反映企业科研的基本情况;成果转化活力包括科技成果的转化率、科技人员人均成果量和科技人员资产量等,从科研成果及其转化能力上衡量企业科研的业绩水平;财务管理包括科研绩效企业自给率、资产负债率等,从企业科研自给能力和财务风险上反映企业科研的经济状况。

本文吸收了企业科研管理绩效评价的特点,借鉴企业投入产出、经济效益的思想,同时围绕高校科研服务国家的基本特性,设计了以科研效益、经济效

益和社会效益三方面作为指标体系的一级指标。为保证设计指标的客观性、准确性和科学性等,笔者利用中国知网学术资源和平台,阅读和分析了30多篇高校科研绩效的相关文献,以上述3个一级指标为中心,分解出10多个二级指标和40多个三级指标,为构建指标体系进行基础性的准备工作。

五、基于层次分析法的高校科研管理绩效评价基本步骤

(一)设计思路

步骤1:根据绩效评价特点和层次分析法,提出高校科研管理评价指标体系,用各层次指标对应刻度,构建判断矩阵。

步骤2:根据判断矩阵,计算出各层指标的权重。

步骤3:计算判断矩阵一致性指标,对照平均随机一致性检验标准值表,判断矩阵一致性是否在可接受范围。

步骤4:根据通过一致性检验后的判断矩阵,计算出各指标在科研管理绩效评价中的权重值,并折算成可参照分值。

步骤5:确定高校科研管理综合绩效评价量表。

说明:笔者利用层次分析法专用计算机软件yaahpV6.0进行分析。根据软件功能,笔者在完成了问卷调查、问卷整理后,形成各层次指标的判断矩阵,利用该软件就可以一次完成步骤2、3、4的分析过程。

(二)基本步骤

1. 建立判断矩阵

建立判断矩阵是层次分析法决策分析的一个基本步骤,也是进行层次指标权重计算的基本依据。构建判断矩阵,是以层次指标模型中上一级的指标作为评价准则,由本行业专家对本级指标要素进行两两比较后,用数字标度进行判断,确定各元素的相对重要程度,以建立矩阵元素,形成判断矩阵。

在该层范围中,通过各指标因素的两两比较,确立各因素的相对权重,为方便操作,层次指标比较一般会建立标度,用数字对应相对重要性程度。

2. 计算各因素的权重

根据上述方法建立的判断矩阵,求出本判断矩阵的特征向量,即可算出高校科研管理绩效指标各因素在统一标准下的权重值。

计算判断矩阵的每行指标元素的积:

$$A_i = \prod_{j=1}^{n} b_{ij} \quad (i = 1,2,\cdots,n)$$

计算i行的n次方根值:

$$\overline{w_i} = \sqrt[n]{A_i}$$

对向量进行归一化处理:

$$w_i = \frac{\overline{w_i}}{\sum_{i=1}^{n} \overline{w_i}}$$

3. 判断矩阵的相容性分析与一致性检验

由于判断矩阵的各因素之间需要进行两两比较,因而逻辑上应该保证正确性。一个理想的判断矩阵应该满足一致性的基本条件,如果不一致,则应该重新构建判断矩阵。在实际调查中,由于调查对象的个人偏好以及知识结构的差异,可能会导致判断矩阵的一致性存在缺陷,因此采用一致性指标CI来检验其一致性。一般对于二阶及以上矩阵,就要进行一致性检验。

$$CI = \frac{\lambda_{max} - n}{n - 1}$$

CI是一致性指标,n是判断矩阵阶数,λ_{max}是判断矩阵的最大特征值。

$$\lambda_{max} = \frac{1}{n} \sum_{i=1}^{n} \frac{BW_i}{W_i}$$

当$\lambda_{max}=0$,CI$=0$为完全一致性;CI值越大,矩阵的一致性就越差。在应用上,一般认为CI<0.1,则矩阵的一致性是可以接受的,否则就需要重新进行比较。矩阵的阶数越多,一致性将越差。所以在高阶矩阵一致性检验上,引入了随机性指标RI。RI是一个定值,可以从平均随机一致性检验标准值表中查找,则可计算出一致性率CR。

$$CR = \frac{CI}{RI}$$

当CR<0.1,认为判断矩阵的一致性是可以接受,否则就需要对判断矩阵进行修正和调整,以满足上述条件。

4. 各指标权重计算及修正

获得同一层次各要素之间的相对重要度后,就可以自上而下地计算各级要素对上层的权重值,最后根据精确度要求,对权重值进行调整和修正。

5. 确立高校科研管理综合绩效评价量表

根据上述步骤,将用层次分析法计算出来的各评价指标的权重修正值作为综合评价量表的满分值,以此确立高校科研管理综合绩效评价量表。

第二节 基于层次分析法的高校科研管理绩效评价量表确定与案例应用

一、高校科研管理绩效评价指标解释

（一）一级指标解释

1. 科研效益

科研效益是指主要科研成果的产出状况,可归纳为四个方面:科研论文及科研著作数、专利授权数、承担科研课题数和科研成果奖励情况。通过一级指标的应用,主要是通过科研产出的数量和质量两个角度来评价科研绩效。

2. 经济效益

经济效益是指通过与科研相关的经济活动所消耗的资源投入与因此产生的经济收入相比来衡量科研经济效益,主要借鉴的是财务指标。

3. 社会效益

社会效益可以从社会可科研成果的认可程度,以及通过科研活动为社会培养的高层次人才数量和培养周期的角度界定。

（二）部分二级指标解释

1. 科研投资收益率

科研投资收益率是指通过科研技术成果转让合同,高科技产业化等在统计年度内平均每年度所获得的收益与投入的科研绩效总额之比。公式为:

科研投资收益率=科研成果转化收入/科研投资绩效总额×100%。

2. 成本费用利润率

成本费用利润率是企业一定期间的利润总额与成本、费用总额的比率。公式为：

成本费用利润率=科研收益利润总额/成本费用总额×100%。

3. 人均产出率

人均产出率是指在科研统计年度内所获得的科研收益利润总额与该科研相关科研人员数量之比。公式为：

人均产出率=科研利润总额/科研项目相关人数×100%。

4. 人才培养率

人才培养率是指在科研项目完成时间内，参与项目的博士、硕士毕业人数和参与该科研项目总科研人数的比值。公式为：

人才培养率=硕博毕业人数/科研项目相关总人数×100%。

二、基于层次分析法的高校科研管理绩效评价量表计算

以构建的绩效评价指标体系为基础，根据其计算步骤和过程，利用层次分析法软件 yaahp V6.0 进行计算。在指标权重分配表格上，通过四舍五入对指标值进行修正，作为最终量表的参考分值。

高校科研管理绩效评价指标权重计算及修正。将问卷调查的指标比较刻度输入各判断矩阵，依照以下指标层次，进行指标比较、判断矩阵一致性检验以及权重计算：第一层次 U（U1，U2，U3）；第二层次 U1（U11，U12，U13，U14）、U2（U21，U22）、U3（U31，U32）；第三层次 U11（U111，U112，U113，U114，U115）、U12（U121，U122）、U13（U131，U132，U133）、U14（U141，U142，U143）、U21（U211，U212）、U22（U221，U222）、U31（U311，U312，U313）、U32（U321，U322）。

在问卷调查各因素重要性的比较中，结论是通过两两比较得到的，因此在多次比较以后，可能得到不一样的结论。例如当 M、N、P 的重要性相近时，可能得到 M 比 N 重要，N 比 P 重要，但是 P 又比 M 重要等矛盾结论，这在涉及因素较多的时候更容易发生，所以需要进行一致性检验。

三、高校科研平台科研管理绩效评价案例应用

高校在我国承担着科学研究工作的重要职能,我国高校学科门类细致,科研所需实验设备与实验平台较为先进和完备,高校图书馆馆藏图书文献与电子文献资源丰富,而且拥有不同研究方向的各层次科研人员,能够满足各种科研需求,因此我国高校在科研系统工作中一直持续发挥重要作用,推动我国科研的发展进程。

第一,我国高校具有科研与人才培养、教学服务相结合的特点。我国高校实行的高等教育不仅要传授知识,同时也要承担在知识领域开拓创新的任务与责任。我国高校的各层次研究生与优秀本科生,在其导师的要求与指导下,需要进行科学研究工作,在此过程中体现了科学研究与教育教学的结合,在一定程度上可推进科研的创新进步,也可帮助提升其科研能力,在科研成果与教学工作之间开创了一条相互转化的渠道。

第二,我国高校的学科种类较齐全,学科综合性与交叉性较高,在科研课题的选题与研究方面具有优势。随着人类在客观物质世界认识上不断加深,不同事物之间的差别与联系、现象与本质规律会被人类所挖掘。因此产生的学科科研领域相互渗透、相互交叉是人类与社会发展的必然趋势。我国高等教育学科综合化程度高、学科门类齐全,有利于高校进行重大的科研课题研究。

第三,高校在我国的国家建设中扮演着非常重要的角色。高校的各种科研工作,其研究方向与学科进展程度需要以满足国家建设为首要目的,其专业建设与学科发展要不断地与国际经济发展相匹配。在我国科研系统中,高校科研是重要组成部分,高校的科研产业系统与整个社会产业系统相辅相成。高校的科学研究,必须受国家与各地方的政策指引,在满足政策发展需要的基础上,还要接受高等教育系统的统一指挥与管理,另外也要跟随产业发展的需要等多种综合影响。

以下以某高校省级科研平台科研管理绩效评价为例。

(一)省级科研平台情况简介

某高校2014年获得省科技厅批准成立"某省水安全与可持续发展软科学研究基地",开展关于该省国家自然保护区的水安全与可持续发展方面的研究工作,要求3.5年内完成,并计划针对完成此项科研项目,发表论文及专著25项,其中国际知名学术期刊8~10篇,其他论文15~20篇,专著1部,发明专利

2项,此项目有17位科研人员,其中教授5人,副教授8人,其他科研人员4人,另外有4名硕士生参与该项研究,项目研究绩效为200万元。

2017年底,该课题项目完成该省科技厅组织的结题验收工作,实际科研总支出192万,此研究的科研成果有:SCI、EI级别期刊论文11篇,期刊引文数8次;国内核心期刊22篇,期刊引文数87次;专著1部;申报发明专利3项,获批授权1项,并获得省级技术发明奖,该专利转让获得收入18万元。在该项目完成过程中孵化申报获批国家自然科学与国家社会科学基金各1项,省级科研课题15项,校级课题8项。4名硕士生均已顺利毕业,并有1人晋升教授,4人晋升副高职称。

（二）科研管理绩效评价量表在该省级科研平台的应用与分析

根据上述情况,利用三级指标体系给该科研管理绩效评分,如表6-1所示。

表6-1　案例科研管理绩效评价得分表

一级指标	二级指标	二级指标满分值	绩效得分值
科研效益U1	论文专著U11	413	413
	发明专利U12	96	48
	承担科研课题U13	83	65
	科研成果奖励U14	70	56
经济效益U2	科研投资收益U21	115	115
	成本费用额U22	98	98
社会效益U3	人才培养U31	94	94
	成果社会认可度U32	31	15
合计		1000	904

从上表可以看出,实际绩效评价得分总分904,各项科研任务完成情况较好,因此可以判断此项目的科研投入绩效较好。

第三节　实施基于层次分析法的高校科研管理绩效评价的保障措施

一、科研管理单位要正确应用科研评价导向

根据科研管理现状,我国科研管理、科研评价单位都是国有企事业和行政

管理单位,科研的评价与科研工作者个人利益切身相关,具有很强的科研行为导向性。在笔者研究的高校科研管理中,高校科研单位和工作者的科研行为都是积极围绕高校科研绩效评价进行的。高校科研管理单位应该紧密围绕高校科研强国强校的基本职能,根据高校所处的不同发展阶段,合理使用科研绩效评价导向,以促进高校科研工作的发展和进步。

（一）试行同行评价与定量评价指标相结合

在科研领域,同行评价和定量评价是从内在与外在两个方面分别对科研质量进行考核评价,角度各有不同,方法各有利弊。同行之间进行科研成果评价是作为学术内部质量控制的基础,具有较强的优势。推广以定量评价为基础的同行评价结合的评价机制,既可以发挥定量评价公正、客观的优势,又可以借助同行专家的专业专长以弥补定量评价的不足。

（二）通过延长科研绩效的评价周期,以减少定量评价的消极影响

目前,定量评价在高校科研领域和企业经营领域都广为推行,其评价周期较短、使用频繁,但也存在一定的误用和滥用现象。在我国高校科研领域,可参考欧美科研评价体系,如通过减少考核频率、延长科研考核周期,为高校科研人员认真、潜心进行学术科研创造制度性环境。

（三）增设定量指标质量标准,降低数量标准

科研绩效评价的重要目的是对科研活动的学术价值、经济价值、社会价值进行判断,在科研绩效评价中,应该坚持将质量控制放在首要位置。

二、科研绩效评价要公开透明

要解决当前高校科研评审、评价中存在的问题,需要从高校科研绩效评价机制上下功夫,建立公开、公正、透明的评价机制,严格评审程序,完善评价规则。从评价指标体系的建立、评价专家选取、科研评审程序、评审结果及监督反馈、仲裁申诉等都应该尽力做到公开、透明,避免暗箱操作。

（一）引进第三方科研绩效评价机构

我国高校可以借助社会中介机构,建立独立的第三方科研评价组织,多采取同行评价、民间评价,适当降低官方评价的比重,改变目前科研决策、立项和最终评价不分家的一贯做法,力求科研评价工作的公平公正,维护科研系统的

独立性。通过立法规范科研评价制度,进一步明确科研评价机构的责任、权利等。

(二)建立信息化的科研评审程序

当前很多省份的高校科研管理都建立了信息化系统。构建在线的高校科研管理信息系统,不仅满足科研管理数字化、信息化需求,还最大程度地方便了高校教师进行科研申报和主管部门组织专家对申报项目的评审过程。科研管理信息化的评审程序应尽可能地改善评审过程,使科研绩效评价公开、透明,这样可极大改善科研管理工作的效率。

(三)评审结果公开透明

科研考核的评审结果不管是通过传统流程,还是通过信息化流程公布,都力求做到公开、透明,以减少暗箱操作之嫌。同时要提供科研人员对评审结果的监督、申诉以及仲裁的渠道,使科研评价工作得到被评审对象的理解、支持和配合。

三、严格遴选科研评审专家制度

现行的高校科研评价机制中,评审专家发挥着非常重要的作用。从制定科研评价制度、拟定科研绩效评价指标、科研申报书的阅评与指导,到科研成果的评价评审,科研专家有着非常重要的地位。

科研管理的绩效评价对高校科研人员的引导作用较强、影响较大,在科研评审专家选择上,应该更多考虑那些有良好学术道德、较深学术造诣、责任感强烈的科研人员。参加科研评审、评价的专家应当以严谨、客观、科学、公正的工作态度来对待科研评价工作,帮助国家和社会筛选优秀科研人才和优秀科研项目。评审、评价过程应当实行具名评审办法,并且专家评审意见材料应存档保存,对有违学术道德、有失科研精神的专家应取消其专家评审资格。

(一)如何评价评审专家

在筛选科研评审专家的领域,有研究人员构建了一套操作性较强的专家评价指标体系。该体系的指标多为客观性指标,容易获得指标值,还给出了指标的具体计算方法;在指标权重确定方面,该研究人员采用熵值法,根据指标本身的含义给出了指标权重,尽可能降低主观因素对指标权重的影响,同时也可以根据实际情况调整指标权重值,增加了一定的灵活性。

（二）如何选择评审专家

专家评价是专家选择的基础工作,通过上述方法可先对专家进行评价,得出每个专家的评价值,然后在此基础上根据一定的遴选规则选择合适的评审专家。

有研究者将专家评审系统划分为四个功能模块:专家信息管理、专家遴选、专家评审、评审结果管理。

专家信息管理模块具有如下功能:增加、修改、删除、查询专家信息;评审专家可登录系统,对个人信息情况进行查阅、修改等。

专家遴选模块具有如下功能:设置遴选规则、调整指标权重、挑选评审专家等。

专家评审模块具有如下功能:专家网络评审。科研评审主管在挑选项目评审专家后,设定评审专家账号和密码,网络评审专家通过账号登录系统根据评审规则进行评审,同时可查看以往的评审情况。

评审结果管理模块具有如下功能:在专家评审结束后,评审主管可以查看评审结果,以及根据实际情况对结果做出适度调整;在评审中,评审主管要对各评审专家的工作态度情况进行评价打分,如有违规行为,则需将违规情况进行记录;在评审结束后,系统自动更新评审专家评价指标值。

四、定期与不定期的审查科研绩效评价指标体系

随着国家科研指导精神的推进和科研环境的不断变化,应该根据所处阶段的特点,对科研评价指标的可靠性、系统性和全面性开展定期与不定期的审核,检验评价指标体系的适应性。将实际执行与预测相比较的方法就是一个简单而实用的检验办法。这种检验办法可以避免科研绩效评价的僵化。

专业技术人才的专业知识是他们的核心竞争力。在知识经济的时代,人才也是各个组织追逐的对象。专业技术人才更看重的是马斯洛需求层次中较高的层次,所以他们更愿意承担具有挑战性的工作,以期待能够实现自我价值。专业技术人才往往更看重事业前景而非薪资水平。

五、建立健全科研评价结果与科研绩效拨付的关联制度

参考欧美各高校科研管理经验,西方诸多高校的科研绩效评价结果好坏

与其获取科研绩效多少存在直接关系。在我国市场经济日益完善的大背景下,高校科研的产出与投入的关联性更加紧密,引入政府、高校、科研项目直管单位等多级科研管理机构对科研绩效进行直接管理,加强科研产出的数量和质量监督,同时根据科研产出的绩效评价状况给予相应的科研绩效支持,以此促进高校科研水平的不断进步,促进高校科研形成良性竞争环境。

（一）建立权威的中介评价机构

在欧洲各高校的教学与科研领域,建立中介机构对教学与科研的效果进行第三方评价是非常普遍的做法。比如荷兰大学协会、法国国家评价委员会、英国高等教育基金委员会等。2002年我国教育部出台的《关于充分发挥高等学校科技创新作用的若干意见》明确指出"逐步培育和依托社会中介组织开展评价活动,建立独立的社会化科研评价体系",为我国高校建立中介评价机构提供了政策依据。

我国应该尽快建立或培育权威的高校评价中介,对高校科研、教学等进行定期评价,并根据科研绩效把高校分为不同等级,并考虑将评价方法、评价程序以及评价结果对外公开,以接受公众群体的检验。

（二）建立权威的中介性拨款机构

虽然现行的政府拨款与基金拨款相结合,比以往传统的单一政府拨款有了较大改善,但仍存在不少问题,比如科研拨款受政府官员主管干预较多、缺少制度或法律对政府拨款行为进行规范等。参考欧洲建立的相对独立的中介拨款机构,其既能表达政府的方向引导,也能反映各高校的科研意愿,同时也接受政府、社会和高校的监督,能有效避免一些人为因素的干扰。

需要注意的是,为了使评价和拨款更加公平,建议保持中介评价机构、中介拨款机构的独立性,各自分开履行其功能和职责。

（三）评价结果与拨款挂钩

为提高科研资源利用率以帮助高校科研机构适应市场经济体制竞争要求,考虑改进高校内部科研竞争需要,有必要逐步建立科学的高校科研绩效评价体系,并将评价结果作为拨款的重要依据。这种外部监督监控机制与各高校科研的自我约束机制相配合,才能更加有效地提高高校的科研效率和效益。

有学者通过研究欧洲各高校科研评价体系,认为根据评价结果和拨款的相关程度,可以将其划分为四种不同的相关模型,按照相关度递减的顺序为:

科研绩效评价决定拨款,科研绩效评价对拨款影响较大,科研绩效评价对拨款影响较小,科研绩效评价几乎与拨款无关。我国各高校科研机构选择怎样的科研绩效评价与拨款关联度,必须与其实际情况相联系。

高校承担着国家科研的重要职能,在科研管理方面的绩效评价方法较多,绩效评价机制也较为丰富。高校科研管理的绩效评价工作,对高校与政府都有十分重要的现实意义。

基于层次分析法的高校科研管理绩效评价的实施,需要一定的保障措施:构建科学、开放、长效的科研绩效评价体系;遵循公平、公正、透明的评价规则;根据不同类型的科研特点,建立导向明确、激励约束并重的分类评价标准和开放评价方法。

通过绩效评价导向,将科研人员的目标追求引导到创新质量和实际贡献上,围绕科学前沿和现实需求进行科学研究,催生重大成果的产出,实现产、学、研的协同创新发展。